RAPHAEL'S ASTRONOMICAL

Ephemeris of the Planets' Places

for 1998

A Complete Aspectarian

Mean Obliquity of the Ecliptic, 1998, 23° 26′ 22″

INTRODUCTION

Greenwich Mean Time (G.M.T.) has been used as the basis for all tabulations and times. The tabular data are for Greenwich Mean Noon (12h. G.M.T.), except for the Moon tabulations headed "MIDNIGHT". All phenomena and aspect times are now in G.M.T.

This edition follows the layout for the new form which was introduced in 1980.

BRITISH SUMMER TIME

British Summer Time begins on March 29 and ends on October 25. When *British Summer Time* (one hour in advance of G.M.T.) is used, subtract one hour from B.S.T. before entering this Ephemeris. These dates are believed to be correct at the time of printing.

GW00601007

Printed in Great

© W. Foulsham & Co

ISBN 0-572-02260-3

Published by
LONDON: W. FOULSHAM & CO. LTD.
BENNETTS CLOSE, CIPPENHAM, BERKS. ENGLAND
NEW YORK   TORONTO   CAPE TOWN   SYDNEY

| 2 | | | | | JANUARY | | 1998 | | | [RAPHAEL'S |

D M	D W	Sidereal Time	☉ Long.	☉ Dec.	☽ Long.	☽ Lat.	☽ Dec.	Node	Midnight ☽ Long.	☽ Dec.
		H. M. S.	° ′ ″	° ′	° ′ ″	° ′	° ′	° ′	° ′ ″	° ′
1	Th	18 43 45	10♑52 1	23 S 0	17≈ 2 53	2 N10	13 S 39	13 ♍ 42	24≈ 7 53	11 S 59
2	F	18 47 42	11 53 11	22 54	1 ✕13 26	0 N59	10 7	13 39	8 ✕19 11	8 7
3	S	18 51 38	12 54 21	22 49	15 24 48	0 S17	6 1	13 36	22 30 1	3 S 49
4	Su	18 55 35	13 55 31	22 43	29 34 39	1 32	1 S 34	13 32	6 ♈38 31	0 N42
5	M	18 59 31	14 56 41	22 36	13 ♈41 31	2 40	2 N56	13 29	20 43 32	5 8
6	T	19 3 28	15 57 50	22 29	27 44 28	3 39	7 16	13 26	4 ♉44 11	9 16
7	W	19 7 24	16 58 59	22 22	11 ♉42 34	4 24	11 9	13 23	18 39 27	12 52
8	Th	19 11 21	18 0 7	22 14	25 34 38	4 54	14 24	13 20	2 ♊27 53	15 43
9	F	19 15 18	19 1 15	22 5	9 ♊18 56	5 6	16 48	13 17	16 7 32	17 39
10	S	19 19 14	20 2 23	21 57	22 53 21	5 1	18 15	13 13	29 36 7	18 34
11	Su	19 23 11	21 3 30	21 47	6 ♋15 32	4 39	18 39	13 10	12 ♋51 21	18 28
12	M	19 27 7	22 4 37	21 38	19 23 23	4 3	18 2	13 7	25 51 27	17 22
13	T	19 31 4	23 5 43	21 28	2 ♌15 29	3 15	16 30	13 4	8 ♌35 26	15 25
14	W	19 35 0	24 6 49	21 17	14 51 22	2 18	14 11	13 1	21 3 26	12 47
15	Th	19 38 57	25 7 55	21 6	27 11 48	1 15	11 16	12 58	3 ♍16 46	9 38
16	F	19 42 53	26 9 0	20 55	9 ♍18 42	0 S 11	7 55	12 54	15 17 59	6 8
17	S	19 46 50	27 10 6	20 43	21 15 6	0 N54	4 18	12 51	27 10 34	2 N26
18	Su	19 50 47	28 11 10	20 31	3 ♎ 4 57	1 56	0 N33	12 48	8 ♎58 52	1 S 20
19	M	19 54 43	29♑12 15	20 19	14 52 55	2 53	3 S 13	12 45	20 47 45	5 3
20	T	19 58 40	0≈13 19	20 6	26 44 3	3 42	6 51	12 42	2 ♏42 28	8 36
21	W	20 2 36	1 14 23	19 53	8 ♏43 39	4 23	10 15	12 38	14 48 13	11 50
22	Th	20 6 33	2 15 26	19 39	20 56 47	4 52	13 12	12 35	27 9 54	14 37
23	F	20 10 29	3 16 29	19 25	3 ♐28 4	5 9	15 48	12 32	9 ♐51 41	16 48
24	S	20 14 26	4 17 31	19 11	16 21 4	5 10	17 36	12 29	22 56 26	18 11
25	Su	20 18 22	5 18 33	18 56	29 37 54	4 55	18 31	12 26	6 ♑25 24	18 36
26	M	20 22 19	6 19 35	18 41	13 ♑18 45	4 24	18 24	12 23	20 17 39	17 56
27	T	20 26 16	7 20 35	18 26	27 21 33	3 35	17 10	12 19	4 ≈30 8	16 8
28	W	20 30 12	8 21 35	18 10	11 ≈42 28	2 32	14 50	12 16	18 57 51	13 17
29	Th	20 34 9	9 22 34	17 54	26 15 30	1 N19	11 32	12 13	3 ✕34 34	9 35
30	F	20 38 5	10 23 32	17 38	10 ✕54 14	0 S 1	7 29	12 10	18 13 42	5 17
31	S	20 42 2	11 ≈24 28	17 S 21	25 ✕32 16	1 S 20	3 S 0	12 ♍ 7	2 ♈49 14	0 S 41

D	Mercury			Venus			Mars			Jupiter	
M	Lat.	Dec.		Lat.	Dec.		Lat.	Dec.		Lat.	Dec.
	° ′	° ′		° ′	° ′	° ′	° ′	° ′	° ′	° ′	° ′
1	2 N29	20 S 30	20 S 41	2 N 10	17 S 18	17 S 7	1 S 10	18 S 33	18 S 19	0 S 52	14 S 53
3	2 12	20 53	21 5	2 41	16 56	16 45	1 9	18 6	17 52	0 52	14 45
5	1 55	21 17	21 29	3 12	16 35	16 25	1 9	17 38	17 24	0 52	14 36
7	1 37	21 41	21 53	3 43	16 16	16 7	1 8	17 9	16 55	0 52	14 28
9	1 19	22 4	22 14	4 14	15 58	15 50	1 7	16 40	16 25	0 52	14 19
11	1 1	22 25	22 34	4 44	15 42	15 35	1 7	16 10	15 55	0 52	14 10
13	0 44	22 42	22 50	5 12	15 29	15 23	1 6	15 40	15 24	0 52	14 1
15	0 26	22 57	23 3	5 37	15 17	15 12	1 5	15 8	14 53	0 52	13 52
17	0 N10	23 8	23 12	6 1	15 7	15 3	1 5	14 37	14 21	0 52	13 43
19	0 S 6	23 14	23 16	6 21	15 0	14 57	1 4	14 4	13 48	0 52	13 34
21	0 22	23 16	23 16	6 39	14 54	14 52	1 3	13 31	13 15	0 52	13 25
23	0 36	23 11	23 11	6 53	14 50	14 49	1 2	12 58	12 41	0 52	13 15
25	0 50	23 6	23 1	7 3	14 49	14 48	1 1	12 24	12 7	0 52	13 6
27	1 3	22 54	22 45	7 11	14 48	14 49	1 0	11 49	11 32	0 52	12 56
29	1 15	22 36	22 S 25	7 15	14 50	14 S 51	0 0	11 15	10 S 57	0 52	12 46
31	1 S 25	22 S 13		7 N 16	14 S 53		0 S 59	10 S 39		0 S 52	12 S 37

FULL MOON-Jan.12, 5h.24m. pm. (22°♋18′)

D M	☿ Long. ° ′	♀ Long. ° ′	♂ Long. ° ′	♃ Long. ° ′	♄ Long. ° ′	♅ Long. ° ′	♆ Long. ° ′	♇ Long. ° ′	Lunar Aspects ☉	☿	♀	♂	♃	♄	♅	♆	♇
1	18♐47	3♒17	11♒10	22♒21	13♈46	7♒ 9	28♑58	6♐47	⚺	✱		☌	☌	✱			
2	19 28	3R 2	11 57	22 34	13 48	7 12	29 0	6 49	∠		⚺			∠	⚺	⚺	□
3	20 14	2 44	12 44	22 46	13 50	7 15	29 2	6 51	✱	□	∠	⚺		⚺	∠	∠	
4	21 5	2 24	13 31	22 59	13 52	7 19	29 4	6 53			✱	∠	⚺			✱	
5	21 59	2 2	14 19	23 12	13 54	7 22	29 7	6 55	□			✱	∠	☌	✱		△
6	22 58	1 38	15 6	23 25	13 56	7 25	29 9	6 57		△	□		✱			□	⚼
7	24 0	1 11	15 53	23 38	13 59	7 29	29 11	6 59	△	⚼		□		⚺	□		
8	25 4	0 42	16 40	23 51	14 1	7 32	29 13	7 1			△		□	∠		△	
9	26 12	0♒12	17 28	24 4	14 4	7 35	29 15	7 3	⚼		⚼			✱	△	⚼	☍
10	27 21	29♑40	18 15	24 17	14 6	7 39	29 18	7 4		☍		△	△		⚼		
11	28 33	29 6	19 2	24 30	14 9	7 42	29 20	7 6				⚼	⚼				
12	29♐47	28 32	19 50	24 43	14 12	7 45	29 22	7 8	☍					□			⚼
13	1♑ 2	27 56	20 37	24 56	14 15	7 49	29 25	7 10			☍				☍	☍	△
14	2 19	27 20	21 24	25 10	14 18	7 52	29 27	7 12		⚼				△			
15	3 37	26 43	22 12	25 23	14 21	7 56	29 29	7 13				☍	☍	⚼			
16	4 56	26 6	22 59	25 37	14 24	7 59	29 31	7 15	⚼	△	⚼					⚼	□
17	6 17	25 29	23 46	25 50	14 28	8 3	29 34	7 17			△				⚼		
18	7 39	24 53	24 34	26 4	14 31	8 6	29 36	7 19	△	□					△	△	✱
19	9 2	24 17	25 21	26 17	14 35	8 10	29 38	7 20				⚼	⚼	☍			
20	10 26	23 41	26 8	26 31	14 38	8 13	29 40	7 22	□		□	△	△			□	∠
21	11 50	23 7	26 56	26 45	14 42	8 17	29 43	7 23		✱					□		⚺
22	13 16	22 34	27 43	26 58	14 46	8 20	29 45	7 25			✱		□				
23	14 42	22 3	28 30	27 12	14 50	8 24	29 47	7 27	✱	∠	∠	□		⚼	✱	✱	☌
24	16 10	21 33	29♒18	27 26	14 54	8 27	29 50	7 28	∠	⚺	⚺			△		∠	
25	17 38	21 6	0♓ 5	27 40	14 58	8 31	29 52	7 30	⚺			✱	✱		∠	⚺	
26	19 6	20 40	0 52	27 54	15 2	8 34	29 54	7 31		☌		∠	∠	□	⚺		⚺
27	20 36	20 16	1 40	28 8	15 6	8 38	29 56	7 32			☌	⚺	⚺			☌	∠
28	22 6	19 54	2 27	28 22	15 11	8 41	29♑59	7 34	☌					✱	☌		✱
29	23 37	19 35	3 14	28 36	15 15	8 45	0♒ 1	7 35		⚺	⚺		☌	∠		⚺	
30	25 8	19 18	4 2	28 50	15 19	8 48	0 3	7 37	⚺	∠	∠	☌		⚺	⚺	∠	□
31	26♑41	19♑ 4	4♓49	29♒ 4	15♈24	8♒52	0♒ 5	7♐38	∠	✱	✱		⚺		∠	✱	

D M	Saturn Lat. ° ′	Saturn Dec. ° ′	Uranus Lat. ° ′	Uranus Dec. ° ′	Neptune Lat. ° ′	Neptune Dec. ° ′	Pluto Lat. ° ′	Pluto Dec. ° ′
1	2S30	3N 7	0S36	19S 4	0N22	20S 1	11N54	9S42
3	2 30	3 9	0 36	19 2	0 22	20 0	11 54	9 43
5	2 29	3 11	0 36	19 1	0 22	19 59	11 54	9 43
7	2 29	3 14	0 36	18 59	0 22	19 58	11 55	9 43
9	2 28	3 16	0 36	18 57	0 22	19 57	11 55	9 43
11	2 28	3 19	0 36	18 55	0 22	19 56	11 55	9 44
13	2 27	3 21	0 36	18 54	0 22	19 55	11 56	9 44
15	2 27	3 24	0 36	18 52	0 22	19 54	11 56	9 44
17	2 26	3 27	0 36	18 50	0 22	19 53	11 57	9 44
19	2 26	3 30	0 36	18 48	0 22	19 52	11 57	9 44
21	2 25	3 34	0 36	18 46	0 22	19 51	11 58	9 44
23	2 25	3 37	0 36	18 45	0 22	19 51	11 58	9 44
25	2 24	3 40	0 36	18 43	0 22	19 50	11 59	9 44
27	2 24	3 44	0 36	18 41	0 21	19 49	11 59	9 44
29	2 23	3 48	0 36	18 39	0 21	19 48	12 0	9 44
31	2S23	3N52	0S36	18S37	0N21	19S47	12N 0	9S44

Mutual Aspects

2 ☉⚺♂. 3 ☉⊥♇.
4 ☉□♄. ♂✱♄.
5 ☿∠♅. ♀Q♄.
6 ☿⊥♆. 7 ☿✱♃.
8 ☉⊥♃. ☿⊥♀.
9 ☉P☿.
11 ☿⚺♀. ♀☌♆. ♂Q♇.
12 ☉∠♇. ☿⚺♆.
14 ☿⊥♅. ♀P♂.
15 ☉⚺♃. 16 ☉☌♀.
17 ♀⚺♃.
18 ☿⚺♅. ☿⚺♇. ♀⚺♂.
19 ☉☌♆.
21 ☿∠♂. ☿∠♃. ♂☌♃. ☉P♆.
22 ☿⊥♇. ♀∠♇. ♂P♃.
23 ☉Q♄. ☿□♄. ♀⊥♂.
24 ♀⊥♃.
25 ♂∠♄. ♂⚺♆.
26 ☉P♅.
27 ☉✱♇. ☿☌♀.
28 ☉☌♅. ☿⊥♃. ☿∠♇.
30 ♀∠♂.

LAST QUARTER-Jan.20, 7h.40m. pm. (0°♏33′)

4					FEBRUARY	1998				[RAPHAEL'S

D	D	Sidereal	☉	☉	☽	☽	☽	☽	Midnight	
M	W	Time	Long.	Dec.	Long.	Lat.	Dec.	Node	☽ Long.	☽ Dec.

		H. M. S.	° ′ ″	° ′	° ′ ″	° ′	° ′	° ′	° ′ ″	° ′
1	Su	20 45 58	12 ≈ 25 23	17 S 4	10 ♈ 4 6	2 S 34	1 N 37	12 ♍ 4	17 ♈ 16 21	3 N 54
2	M	20 49 55	13 26 17	16 47	24 25 39	3 37	6 6	12 0	1 ♉ 31 43	8 11
3	T	20 53 51	14 27 10	16 30	8 ♉ 34 20	4 26	10 9	11 57	15 33 23	11 57
4	W	20 57 48	15 28 1	16 12	22 28 47	4 59	13 34	11 54	29 20 31	14 59
5	Th	21 1 45	16 28 51	15 54	6 ♊ 8 36	5 14	16 11	11 51	12 ♊ 53 3	17 8
6	F	21 5 41	17 29 39	15 35	19 33 55	5 11	17 52	11 48	26 11 15	18 20
7	S	21 9 38	18 30 26	15 17	2 ♋ 45 6	4 52	18 33	11 44	9 ♋ 15 33	18 31
8	Su	21 13 34	19 31 12	14 58	15 42 39	4 18	18 14	11 41	22 6 27	17 44
9	M	21 17 31	20 31 56	14 39	28 27 2	3 32	17 1	11 38	4 ♌ 44 29	16 5
10	T	21 21 27	21 32 39	14 19	10 ♌ 58 52	2 36	14 58	11 35	17 10 18	13 42
11	W	21 25 24	22 33 20	14 0	23 18 55	1 34	12 16	11 32	29 24 50	10 43
12	Th	21 29 20	23 34 0	13 40	5 ♍ 28 17	0 S 28	9 4	11 29	11 ♍ 29 26	7 20
13	F	21 33 17	24 34 38	13 20	17 28 34	0 N 39	5 32	11 25	23 25 56	3 N 42
14	S	21 37 14	25 35 15	12 59	29 21 54	1 43	1 N 49	11 22	5 ♎ 16 48	0 S 4
15	Su	21 41 10	26 35 51	12 39	11 ♎ 11 3	2 42	1 S 56	11 19	17 5 4	3 48
16	M	21 45 7	27 36 26	12 18	22 59 22	3 35	5 37	11 16	28 54 25	7 23
17	T	21 49 3	28 36 59	11 57	4 ♏ 50 46	4 18	9 5	11 13	10 ♏ 48 58	10 42
18	W	21 53 0	29 ≈ 37 31	11 36	16 49 36	4 51	12 13	11 10	22 53 14	13 36
19	Th	21 56 56	0 ♓ 38 2	11 15	29 0 29	5 11	14 52	11 6	5 ♐ 11 54	15 59
20	F	22 0 53	1 38 32	10 53	11 ♐ 28 3	5 18	16 55	11 3	17 49 27	17 39
21	S	22 4 49	2 39 0	10 32	24 16 33	5 9	18 10	11 0	0 ♑ 49 46	18 28
22	Su	22 8 46	3 39 27	10 10	7 ♑ 29 24	4 43	18 31	10 57	14 15 39	18 17
23	M	22 12 43	4 39 53	9 48	21 8 35	4 2	17 48	10 54	28 8 9	17 2
24	T	22 16 39	5 40 17	9 26	5 ≈ 14 7	3 4	15 59	10 50	12 ≈ 26 5	14 40
25	W	22 20 36	6 40 40	9 4	19 43 30	1 53	13 6	10 47	27 5 40	11 19
26	Th	22 24 32	7 41 1	8 41	4 ♓ 31 44	0 N 33	9 20	10 44	12 ♓ 0 42	7 11
27	F	22 28 29	8 41 20	8 19	19 31 33	0 S 50	4 55	10 41	27 3 10	2 S 33
28	S	22 32 25	9 ♓ 41 37	7 S 56	4 ♈ 34 27	2 S 10	0 S 10	10 ♍ 38	12 ♈ 4 19	2 N 13

D	Mercury		Venus		Mars		Jupiter	
M	Lat.	Dec.	Lat.	Dec.	Lat.	Dec.	Lat.	Dec.

	°	°	°	°	°	°	°	°
1	1 S 30	21 S 59	7 N 16	14 S 54	0 S 58	10 S 21	0 S 52	12 S 32
3	1 39	21 28	21 S 44	7 14	14 59	14 S 57	0 57	9 46	10 S 4	0 52	12 22
5	1 47	20 52	21 11	7 9	15 4	15 2	0 56	9 9	9 28	0 52	12 12
7	1 54	20 9	20 31	7 3	15 10	15 7	0 55	8 33	8 51	0 52	12 2
9	1 59	19 22	19 46	6 55	15 17	15 13	0 54	7 56	8 15	0 52	11 52
11	2 3	18 28	18 56	6 45	15 23	15 20	0 53	7 19	7 38	0 52	11 42
13	2 5	17 29	17 59	6 35	15 30	15 26	0 52	6 42	7 0	0 52	11 31
15	2 6	16 24	16 57	6 23	15 36	15 33	0 51	6 4	6 23	0 53	11 21
17	2 5	15 14	15 50	6 11	15 41	15 39	0 50	5 27	5 46	0 53	11 11
19	2 2	13 58	14 37	5 58	15 47	15 44	0 49	4 49	5 8	0 53	11 0
21	1 57	12 36	13 18	5 44	15 51	15 49	0 48	4 11	4 30	0 53	10 50
23	1 50	11 9	11 54	5 30	15 54	15 52	0 47	3 33	3 52	0 53	10 39
25	1 41	9 37	10 24	5 16	15 56	15 55	0 46	2 55	3 14	0 53	10 29
27	1 30	8 0	8 49	5 1	15 57	15 56	0 44	2 17	2 36	0 53	10 18
29	1 16	6 19	7 10	4 46	15 56	15 57	0 43	1 39	1 58	0 53	10 8
31	1 S 0	4 S 34	5 S 27	4 N 31	15 S 54	15 S 55	0 S 42	1 S 0	1 S 20	0 S 53	9 S 57

FULL MOON-Feb.11,10h.23m. am. (22°♌29′)

D M	☿ Long.	♀ Long.	♂ Long.	♃ Long.	♄ Long.	♅ Long.	♆ Long.	♇ Long.	☉	☿	♀	♂	♃	♄	♅	♆	♇
	° ′	° ′	° ′	° ′	° ′	° ′	° ′	° ′	Lunar Aspects								
1	28♑14	18♑52	5♓36	29♒18	15♈29	8♒55	0♒ 8	7♐39	⚹			⊻	∠	●	⚹		△
2	29♑47	18R 42	6 23	29 32	15 34	8 59	0 10	7 40		□	□	∠	⚹			□	⚻
3	1♒22	18 35	7 11	29♒46	15 38	9 2	0 12	7 42	□			⚹			□		
4	2 57	18 30	7 58	0♓ 1	15 43	9 6	0 14	7 43			△			⊻			
5	4 33	18 28	8 45	0 15	15 48	9 9	0 17	7 44		△	⚻	□	□	∠	△	△	☍
6	6 9	18D 28	9 32	0 29	15 53	9 13	0 19	7 45	△	⚻				⚹	⚻	⚻	
7	7 47	18 31	10 20	0 43	15 59	9 16	0 21	7 46	⚻				△				
8	9 25	18 36	11 7	0 58	16 4	9 20	0 23	7 47			☍	△	⚻	□			
9	11 4	18 43	11 54	1 12	16 9	9 23	0 25	7 48				⚻				☍	⚻
10	12 43	18 53	12 41	1 26	16 14	9 26	0 27	7 49		☍				△	☍		△
11	14 24	19 5	13 28	1 41	16 20	9 30	0 30	7 50	☍								
12	16 5	19 19	14 15	1 55	16 25	9 33	0 32	7 51			⚻		☍	⚻			□
13	17 47	19 35	15 2	2 9	16 31	9 37	0 34	7 52			△	☍				⚻	
14	19 31	19 53	15 49	2 24	16 37	9 40	0 36	7 53							⚻	△	
15	21 14	20 13	16 36	2 38	16 42	9 44	0 38	7 54	⚻	⚻				☍	△		⚹
16	22 59	20 35	17 23	2 53	16 48	9 47	0 40	7 55	△	△	□		⚻				∠
17	24 45	20 59	18 10	3 7	16 54	9 50	0 42	7 56				⚻	△		□	□	⊻
18	26 32	21 24	18 57	3 22	17 0	9 54	0 44	7 56			⚹	△					
19	28♒19	21 51	19 44	3 36	17 6	9 57	0 46	7 57	□	□			□	⚻		⚹	
20	0♓ 7	22 20	20 31	3 50	17 12	10 0	0 48	7 58			∠			△	⚹	∠	☌
21	1 57	22 50	21 18	4 5	17 18	10 4	0 50	7 58			⊻	□			∠		
22	3 47	23 22	22 5	4 19	17 24	10 7	0 52	7 59	⚹	⚹			⚹		⊻	⊻	⊻
23	5 38	23 56	22 52	4 34	17 30	10 10	0 54	7 59	∠	∠	☌	⚹	∠	□			∠
24	7 30	24 31	23 38	4 48	17 37	10 14	0 56	8 0	⊻	⊻		∠	⊻		☌	☌	⚹
25	9 22	25 7	24 25	5 3	17 43	10 17	0 58	8 0			⊻	⊻		⚹			
26	11 15	25 44	25 12	5 17	17 49	10 20	1 0	8 1	●		∠		☌	∠	⊻	⊻	□
27	13 9	26 23	25 59	5 32	17 56	10 23	1 2	8 1		☌	⚹	●		⊻	∠	∠	
28	15♓ 4	27♑ 2	26♓45	5♓46	18♈ 2	10♒26	1♒ 4	8♐ 2	⊻				⊻		⚹	⚹	△

D M	Saturn Lat.	Saturn Dec.	Uranus Lat.	Uranus Dec.	Neptune Lat.	Neptune Dec.	Pluto Lat.	Pluto Dec.
	° ′	° ′	° ′	° ′	° ′	° ′	° ′	° ′
1	2S23	3N54	0S36	18S36	0N21	19S46	12N 1	9S44
3	2 22	3 58	0 36	18 35	0 21	19 45	12 1	9 43
5	2 22	4 2	0 36	18 33	0 21	19 44	12 2	9 43
7	2 22	4 6	0 36	18 31	0 21	19 44	12 2	9 43
9	2 21	4 11	0 36	18 29	0 21	19 43	12 3	9 43
11	2 21	4 15	0 36	18 27	0 21	19 42	12 4	9 42
13	2 20	4 20	0 36	18 25	0 21	19 41	12 4	9 42
15	2 20	4 25	0 36	18 24	0 21	19 40	12 5	9 42
17	2 20	4 29	0 36	18 22	0 21	19 39	12 5	9 41
19	2 19	4 34	0 36	18 20	0 21	19 38	12 6	9 41
21	2 19	4 39	0 36	18 18	0 21	19 37	12 7	9 40
23	2 19	4 44	0 36	18 17	0 21	19 36	12 7	9 40
25	2 18	4 49	0 36	18 15	0 21	19 36	12 8	9 39
27	2 18	4 54	0 36	18 13	0 21	19 35	12 9	9 39
29	2 18	5 0	0 36	18 11	0 21	19 34	12 9	9 38
31	2S17	5N 5	0S36	18S10	0N21	19S33	12N10	9S38

Mutual Aspects

2 ☿⊻♃. ☿☌♆. ♂⊥♆.
3 ☿⊥♂. ♂P♇.
4 ☉⚹♄. ♂□♇.
5 ☿Q♄. ♃⊻♆. ♀Stat.
6 ♂⊻♅.
7 ☉⊻♀. ☿⚹♇. ♂⊥♄. ☉P♀.
8 ☉Q♇. ☿☌♅. ☿P♆.
9 ♃∠♄. 10 ☿⊻♂.
11 ☿P♅.
12 ☿⚹♄.
14 ☉⊥♀. ☿⊻♀. ☿Q♇. ♂⊥♅. ♂∠♆.
15 ♂⊻♄. 16 ☿P♀.
19 ☉⊻♆. ☿⊥♀.
20 ☿⊻♆. ☉P♃. ♂P♄.
21 ☉∠♄. ☿∠♄. ♀∠♇.
22 ☉☌☿. ☿☌♃.
23 ☉☌♃. ☉P♇.
24 ☿⊥♆. ☿□♇. ☿P♃.
25 ☉⊥♆. ☿⊻♅. ☿P♇.
26 ☉□♇. ☿∠♀. ☿⊥♄. ♂∠♅. ☉P☿.

LAST QUARTER-Feb.19, 3h.27m. pm. (0°♐47′)

| 6 | | | | | MARCH | 1998 | | | | [RAPHAEL'S |

D	D	Sidereal	⊙	⊙	☽	☽	☽	☽	Midnight	
M	W	Time	Long.	Dec.	Long.	Lat.	Dec.	Node	☽ Long.	☽ Dec.

		H. M. S.	° ′ ″	° ′	° ′ ″	° ′	° ′	° ′	° ′ ″	° ′
1	Su	22 36 22	10 ✕ 41 53	7 S 33	19 ♈ 31 46	3 S 20	4 N33	10 ♍ 35	26 ♈ 55 55	6 N47
2	M	22 40 18	11 42 7	7 10	4 ♉ 16 0	4 17	8 55	10 31	11 ♉ 31 24	10 52
3	T	22 44 15	12 42 18	6 47	18 41 37	4 55	12 39	10 28	25 46 22	14 13
4	W	22 48 12	13 42 28	6 24	2 ♊ 45 26	5 15	15 33	10 25	9 ♊ 38 47	16 39
5	Th	22 52 8	14 42 35	6 1	16 26 28	5 16	17 30	10 22	23 8 38	18 6
6	F	22 56 5	15 42 40	5 38	29 45 29	5 0	18 26	10 19	6 ♋ 17 19	18 31
7	S	23 0 1	16 42 44	5 15	12 ♋ 44 26	4 29	18 22	10 16	19 7 11	17 58
8	Su	23 3 58	17 42 45	4 51	25 25 54	3 46	17 21	10 12	1 ♌ 40 57	16 32
9	M	23 7 54	18 42 44	4 28	7 ♌ 52 41	2 52	15 32	10 9	14 1 25	14 21
10	T	23 11 51	19 42 42	4 4	20 7 29	1 51	13 1	10 6	26 11 12	11 33
11	W	23 15 47	20 42 35	3 41	2 ♍ 12 51	0 S 46	9 58	10 3	8 ♍ 12 42	8 17
12	Th	23 19 44	21 42 28	3 17	14 11 2	0 N20	6 32	10 0	20 8 6	4 43
13	F	23 23 41	22 42 18	2 54	26 4 9	1 25	2 N52	9 56	1 ♎ 59 26	0 N59
14	S	23 27 37	23 42 7	2 30	7 ♎ 54 11	2 26	0 S 54	9 53	13 48 42	2 S 47
15	Su	23 31 34	24 41 54	2 6	19 43 15	3 20	4 37	9 50	25 38 6	6 25
16	M	23 35 30	25 41 39	1 43	1 ♏ 33 36	4 6	8 10	9 47	7 ♏ 30 3	9 50
17	T	23 39 27	26 41 22	1 19	13 27 51	4 42	11 24	9 44	19 27 22	12 51
18	W	23 43 23	27 41 4	0 55	25 29 1	5 5	14 11	9 41	1 ♐ 33 14	15 22
19	Th	23 47 20	28 40 43	0 32	7 ♐ 40 30	5 16	16 24	9 37	13 51 16	17 15
20	F	23 51 16	29 ✕ 40 21	0 S 8	20 6 3	5 11	17 54	9 34	26 25 20	18 20
21	S	23 55 13	0 ♈ 39 58	0 N16	2 ♑ 49 35	4 52	18 32	9 31	9 ♑ 19 17	18 31
22	Su	23 59 10	1 39 32	0 40	15 54 49	4 17	18 14	9 28	22 36 34	17 41
23	M	0 3 6	2 39 5	1 3	29 24 49	3 27	16 53	9 25	6 ≈ 19 44	15 50
24	T	0 7 3	3 38 36	1 27	13 ≈ 21 23	2 24	14 31	9 21	20 29 41	12 57
25	W	0 10 59	4 38 5	1 51	27 44 21	1 N 9	11 10	9 18	5 ✕ 4 58	9 11
26	Th	0 14 56	5 37 32	2 14	12 ✕ 30 54	0 S 11	7 2	9 15	20 1 20	4 S 45
27	F	0 18 52	6 36 58	2 38	27 35 18	1 33	2 S 23	9 12	5 ♈ 11 40	0 N 3
28	S	0 22 49	7 36 21	3 1	12 ♈ 49 12	2 49	2 N28	9 9	20 26 35	4 51
29	Su	0 26 45	8 35 43	3 24	28 2 33	3 52	7 9	9 6	5 ♉ 35 49	9 20
30	M	0 30 42	9 35 2	3 48	13 ♉ 5 14	4 39	11 20	9 2	20 29 49	13 8
31	T	0 34 39	10 ♈ 34 19	4 N11	27 ♉ 48 43	5 S 6	14 N42	8 ♍ 59	5 ♊ 1 17	16 N 1

D	Mercury		Venus		Mars		Jupiter	
M	Lat.	Dec.	Lat.	Dec.	Lat.	Dec.	Lat.	Dec.

	° ′	° ′	° ′	° ′	° ′	° ′	° ′	° ′
1	1 S 16	6 S 19	4 N 46	15 S 56		0 S 43	1 S 39		0 S 53	10 S 8
3	1 0	4 34	4 31	15 54	15 S 55	0 42	1 0	1 S 20	0 53	9 57
5	0 42	2 46	4 17	15 50	15 52	0 41	0 S 22	0 41	0 54	9 47
7	0 S 21	0 S 57	4 2	15 45	15 48	0 40	0 N16	0 S 3	0 54	9 36
9	0 N 2	0 N52	3 47	15 38	15 42	0 39	0 54	0 N 35	0 54	9 26
			5 S 27			15 34			1 13		
			3 40								
11	0 26	2 39	3 32	15 29	15 24	0 37	1 31	1 50	0 54	9 15
13	0 52	4 21	3 17	15 18	15 12	0 36	2 9	2 28	0 54	9 5
15	1 18	5 57	3 3	15 6	14 59	0 35	2 47	3 5	0 54	8 54
17	1 44	7 25	2 48	14 52	14 44	0 34	3 24	3 43	0 55	8 44
19	2 9	8 41	2 34	14 35	14 27	0 32	4 1	4 20	0 55	8 33
			1 52								
			3 31								
			5 10								
			6 42								
			8 4								
			9 15								
21	2 31	9 45	2 20	14 17	14 7	0 31	4 38	4 57	0 55	8 23
23	2 51	10 34	2 6	13 57	13 46	0 30	5 15	5 33	0 55	8 12
25	3 7	11 8	1 53	13 35	13 24	0 29	5 51	6 10	0 55	8 2
27	3 17	11 25	1 40	13 12	12 59	0 27	6 28	6 46	0 56	7 51
29	3 22	11 26	1 27	12 46	12 S 33	0 26	7 3	7 N 21	0 56	7 41
31	3 N21	11 N11	1 N 14	12 S 19		0 S 25	7 N39		0 S 56	7 S 31

Mercury extra Dec. column: 10 11 / 10 53 / 11 19 / 11 28 / 11 N 20

FULL MOON-Mar.13, 4h.34m. am. (22°♍24′)

D M	☿ Long. ° ′	♀ Long. ° ′	♂ Long. ° ′	♃ Long. ° ′	♄ Long. ° ′	♅ Long. ° ′	♆ Long. ° ′	♇ Long. ° ′
1	16♓58	27♑43	27♓32	6♓ 1	18♈ 9	10♒30	1♒ 6	8♐ 2
2	18 53	28 25	28 19	6 15	18 15	10 33	1 8	8 2
3	20 48	29 8	29 5	6 29	18 22	10 36	1 10	8 3
4	22 43	29♑52	29♓52	6 44	18 29	10 39	1 11	8 3
5	24 38	0♒37	0♈38	6 58	18 35	10 42	1 13	8 3
6	26 32	1 23	1 25	7 13	18 42	10 45	1 15	8 3
7	28♓25	2 10	2 11	7 27	18 49	10 48	1 17	8 4
8	0♈16	2 57	2 58	7 41	18 56	10 51	1 18	8 4
9	2 6	3 46	3 44	7 56	19 3	10 54	1 20	8 4
10	3 54	4 35	4 30	8 10	19 10	10 57	1 22	8 4
11	5 39	5 25	5 16	8 24	19 17	11 0	1 23	8R 4
12	7 20	6 16	6 3	8 39	19 24	11 3	1 25	8 4
13	8 59	7 7	6 49	8 53	19 31	11 6	1 27	8 4
14	10 33	7 59	7 35	9 7	19 38	11 8	1 28	8 4
15	12 2	8 52	8 21	9 21	19 45	11 11	1 30	8 3
16	13 26	9 45	9 7	9 35	19 52	11 14	1 31	8 3
17	14 45	10 39	9 53	9 50	19 59	11 17	1 33	8 3
18	15 58	11 34	10 39	10 4	20 6	11 19	1 34	8 3
19	17 4	12 29	11 25	10 18	20 14	11 22	1 36	8 3
20	18 3	13 25	12 11	10 32	20 21	11 25	1 37	8 2
21	18 56	14 21	12 57	10 46	20 28	11 27	1 39	8 2
22	19 40	15 18	13 43	11 0	20 36	11 30	1 40	8 2
23	20 18	16 15	14 29	11 14	20 43	11 32	1 41	8 1
24	20 47	17 13	15 15	11 28	20 50	11 35	1 43	8 1
25	21 9	18 11	16 0	11 42	20 58	11 37	1 44	8 0
26	21 23	19 9	16 46	11 56	21 5	11 40	1 45	8 0
27	21 29	20 8	17 32	12 9	21 13	11 42	1 46	7 59
28	21R 28	21 7	18 17	12 23	21 20	11 44	1 48	7 59
29	21 19	22 7	19 3	12 37	21 27	11 47	1 49	7 58
30	21 4	23 7	19 48	12 51	21 35	11 49	1 50	7 57
31	20♈42	24♒ 7	20♈34	13♓ 4	21♈42	11♒51	1♒51	7♐57

D M	Lunar Aspects ☉	☿	♀	♂	♃	♄	♅	♆	♇
1	∠	⊻			∠	●			⚼
2		∠	□	⊻	✱		□	□	
3	✱	✱		∠		⊻			
4			△	✱	□	∠		△	☍
5	□		⚼			✱	△	⚼	
6		□		□			⚼		
7	△				△	□			
8		△			⚼			☍	⚼
9	⚼		☍	△			☍		△
10		⚼		⚼		△			
11						⚼			□
12					☍			⚼	
13	☍		⚼				⚼	△	
14		☍	△	☍			△		✱
15					⚼	☍			∠
16								□	
17	⚼		□		△		□		⊻
18	△	⚼		⚼					
19			✱	△	□	⚼	✱	✱	☌
20		△				△		∠	
21	□		∠				∠	⊻	⊻
22		□	⊻	□	✱	□	⊻		
23	✱				∠			☌	∠
24	∠		●	✱	⊻		☌		✱
25		✱		∠		✱		⊻	
26	⊻	∠	⊻	⊻	●	∠	⊻	∠	□
27		⊻				⊻	∠	✱	
28	☌		∠	☌	⊻		✱		△
29		☌	✱		∠	●		□	⚼
30	⊻			⊻	✱		□		
31	∠	⊻	□			⊻		△	

D M	Saturn Lat. ° ′	Saturn Dec. ° ′	Uranus Lat. ° ′	Uranus Dec. ° ′	Neptune Lat. ° ′	Neptune Dec. ° ′	Pluto Lat. ° ′	Pluto Dec. ° ′
1	2S18	5N 0	0S36	18S11	0N21	19S34	12N 9	9S38
3	2 17	5 5	0 36	18 10	0 21	19 33	12 10	9 38
5	2 17	5 10	0 37	18 8	0 21	19 32	12 11	9 37
7	2 17	5 15	0 37	18 7	0 21	19 32	12 11	9 36
9	2 17	5 21	0 37	18 5	0 21	19 31	12 12	9 36
11	2 17	5 26	0 37	18 3	0 21	19 30	12 13	9 35
13	2 16	5 32	0 37	18 2	0 21	19 29	12 13	9 35
15	2 16	5 37	0 37	18 0	0 21	19 29	12 14	9 34
17	2 16	5 43	0 37	17 59	0 21	19 28	12 15	9 33
19	2 16	5 48	0 37	17 58	0 21	19 27	12 15	9 32
21	2 16	5 54	0 37	17 56	0 21	19 27	12 16	9 32
23	2 15	6 0	0 37	17 55	0 21	19 26	12 16	9 31
25	2 15	6 5	0 37	17 53	0 21	19 26	12 17	9 30
27	2 15	6 11	0 37	17 52	0 21	19 25	12 18	9 30
29	2 15	6 17	0 37	17 51	0 21	19 25	12 18	9 29
31	2S15	6N22	0S37	17S50	0N21	19S24	12N19	9S28

Mutual Aspects

1 ☉⊻♅. ☿⊥♅. ☿∠♆.
2 ☿⊻♄. ☿P♄.
3 ☉⊥♄. 4 ♀✱♂.
6 ☿∠♅. ♀⊥♃. ♀☌♆. ♂✱♆. ♃⊥♆.
7 ☉⊥♅. ☉∠♆. ☉P♄. ♃P♇.
8 ♀✱♂. ☿P♂.
9 ☉∠♀. ☉⊻♄. ☿✱♆. ☿P♂.
10 ♃□♇.
11 ☿✱♀. ☿☌♂. ♇Stat.
12 ☿△♇. ☉P☿.
13 ☿⊻♃.
14 ☿✱♅. ♀Q♄. ♀✱♇. ☉P♂.
15 ♂△♇. ☿P♄.
16 ☿Q♆. ♀⊻♃.
17 ☉∠♅. ♂⊻♃.
18 ☿⊥♃. ♀☌♅.
19 ♂✱♅. ☿P♃.
21 ☿P♇.
22 ☉✱♆. ♂Q♆.
24 ☿☌♄. 25 ♃⊻♅.
26 ♂P♄.
27 ♀Q♇. ☿Stat.
28 ☉△♇. ☿✱♀. ♀✱♄. ♂⊥♃.
29 ☿☌♄.
31 ☿☌♂. ♂P♃.

LAST QUARTER-Mar.21, 7h.38m. am. (11°♉32′)

| 8 | | | | | | | | APRIL | | | 1998 | | | | [RAPHAEL'S |

D	D	Sidereal	⊙	⊙	☽	☽	☽	☽	Midnight	
M	W	Time	Long.	Dec.	Long.	Lat.	Dec.	Node	☽ Long.	☽ Dec.

		H. M. S.	° ′ ″	° ′	° ′ ″	° ′	° ′	° ′	° ′ ″	° ′
1	W	0 38 35	11 ♈ 33 34	4 N34	12 ♊ 7 7	5 S 13	17 N 4	8 ♍ 56	19 ♊ 5 56	17 N51
2	Th	0 42 32	12 32 46	4 57	25 57 42	5 1	18 21	8 53	2 ♋ 42 31	18 35
3	F	0 46 28	13 31 56	5 20	9 ♋ 20 37	4 33	18 34	8 50	15 52 20	18 17
4	S	0 50 25	14 31 4	5 43	22 18 7	3 52	17 46	8 47	28 38 27	17 2
5	Su	0 54 21	15 30 9	6 6	4 ♌ 53 52	3 1	16 7	8 43	11 ♌ 4 55	15 0

6	M	0 58 18	16 29 13	6 29	17 12 9	2 2	13 44	8 40	23 16 6	12 20
7	T	1 2 14	17 28 13	6 51	29 17 20	0 S 59	10 48	8 37	5 ♍ 16 18	9 10
8	W	1 6 11	18 27 12	7 14	11 ♍ 13 31	0 N 6	7 27	8 34	17 9 25	5 39
9	Th	1 10 8	19 26 8	7 36	23 4 23	1 10	3 49	8 31	28 58 47	1 N57
10	F	1 14 4	20 25 3	7 59	4 ♎ 52 58	2 10	0 N 3	8 27	10 ♎ 47 14	1 S 50

11	S	1 18 1	21 23 55	8 21	16 41 51	3 5	3 S 42	8 24	22 37 3	5 33
12	Su	1 21 57	22 22 45	8 43	28 33 5	3 52	7 20	8 21	4 ♏ 30 8	9 4
13	M	1 25 54	23 21 33	9 4	10 ♏ 28 25	4 29	10 42	8 18	16 28 9	12 14
14	T	1 29 50	24 20 19	9 26	22 29 31	4 55	13 38	8 15	28 32 45	14 55
15	W	1 33 47	25 19 4	9 48	4 ♐ 38 5	5 7	16 2	8 12	10 ♐ 45 47	16 58

16	Th	1 37 43	26 17 47	10 9	16 56 6	5 5	17 44	8 8	23 9 22	18 17
17	F	1 41 40	27 16 28	10 30	29 25 54	4 49	18 37	8 5	5 ♑ 46 3	18 43
18	S	1 45 37	28 15 7	10 51	12 ♑ 10 12	4 19	18 35	8 2	18 38 44	18 12
19	Su	1 49 33	29 ♈ 13 44	11 12	25 12 1	3 35	17 35	7 59	1 ≈ 50 26	16 42
20	M	1 53 30	0 ♉ 12 20	11 33	8 ≈ 34 19	2 37	15 35	7 56	15 23 57	14 14

21	T	1 57 26	1 10 55	11 53	22 19 34	1 30	12 39	7 53	29 21 17	10 52
22	W	2 1 23	2 9 27	12 13	6 ✕ 29 4	0 N15	8 54	7 49	13 ✕ 42 48	6 47
23	Th	2 5 19	3 7 58	12 33	21 2 8	1 S 3	4 S 31	7 46	28 26 34	2 S 10
24	F	2 9 16	4 6 27	12 53	5 ♈ 55 23	2 18	0 N14	7 43	13 ♈ 27 42	2 N39
25	S	2 13 12	5 4 55	13 13	21 2 27	3 25	5 3	7 40	28 38 27	7 21

26	Su	2 17 9	6 3 21	13 32	6 ♉ 14 23	4 17	9 33	7 37	13 ♉ 48 55	11 35
27	M	2 21 6	7 1 45	13 52	21 20 46	4 51	13 25	7 33	28 48 43	15 0
28	T	2 25 2	8 0 7	14 10	6 ♊ 11 39	5 5	16 20	7 30	13 ♊ 28 42	17 23
29	W	2 28 59	8 58 27	14 29	20 39 8	4 58	18 9	7 27	27 42 29	18 37
30	Th	2 32 55	9 ♉ 56 45	14 N48	4 ♋ 38 27	4 S 34	18 N48	7 ♍ 24	11 ♋ 27 0	18 N41

D	Mercury		Venus		Mars		Jupiter	
M	Lat.	Dec.	Lat.	Dec.	Lat.	Dec.	Lat.	Dec.

| | ° ′ | ° ′ | ° ′ | ° ′ | ° ′ | ° ′ | ° ′ | ° ′ |
|1| 3 N17|10 N57| 1 N 8|12 S 4| 0 S 24| 7 N57| 0 S 56| 7 S 26|
|3| 3 6|10 19| 10 N 40 0 55| 0 56|11 34| 11 S 50| 0 23| 8 32| 8 N 14| 0 57| 7 16|
|5| 2 48| 9 29| 9 1| 0 44|11 3| 11 19 10 46| 0 22| 9 6| 8 49| 0 57| 7 6|
|7| 2 24| 8 31| 8 0| 0 33|10 30| 10 13| 0 20| 9 40| 9 23 9 57| 0 57| 6 55|
|9| 1 56| 7 29| 6 57| 0 22| 9 55| 9 37| 0 19|10 14|10 31| 0 57| 6 46|

|11| 1 24| 6 26| 5 56| 0 11| 9 19| 9 0| 0 18|10 47|11 4| 0 58| 6 36|
|13| 0 52| 5 26| 4 59| 0 N 1| 8 41| 8 22| 0 16|11 20|11 36| 0 58| 6 26|
|15| 0 N19| 4 33| 4 10| 0 S 9| 8 2| 7 42| 0 15|11 52|12 8| 0 58| 6 16|
|17| 0 S13| 3 48| 3 30| 0 19| 7 22| 7 1| 0 14|12 24|12 40| 0 59| 6 7|
|19| 0 44| 3 13| 3 0| 0 28| 6 40| 6 19| 0 12|12 56|13 11| 0 59| 5 57|

|21| 1 11| 2 49| 2 40| 0 37| 5 57| 5 36| 0 11|13 26|13 42| 0 59| 5 48|
|23| 1 36| 2 34| 2 31| 0 45| 5 14| 4 51| 0 10|13 57|14 12| 1 0| 5 38|
|25| 1 58| 2 30| 2 32| 0 53| 4 29| 4 6| 0 8|14 26|14 41| 1 0| 5 29|
|27| 2 17| 2 36| 2 42| 1 0| 3 43| 3 20| 0 7|14 55|15 10| 1 0| 5 20|
|29| 2 32| 2 50| 3 N 1| 1 7| 2 57| 2 S 33| 0 6|15 24|15 N 38| 1 1| 5 11|
|31| 2 S45| 3 N13| | 1 S 14| 2 S 10| | 0 S 5|15 N52| | 1 S 1| 5 S 2|

FULL MOON-Apr.11,10h.23m. pm. (21°♎49′)

D	☿	♀	♂	♃	♄	♅	♆	♇	Lunar Aspects								
M	Long.	Long.	Long.	Long.	Long.	Long.	Long.	Long.	☉	☿	♀	♂	♃	♄	♅	♆	♇
	° ′	° ′	° ′	° ′	° ′	° ′	° ′	° ′									
1	20♈13	25♒ 8	21♈19	13♓18	21♈50	11♒53	1♒52	7♐ 56	✱	∠		∠	□	∠	△	⚼	☍
2	19R 40	26 9	22 5	13 31	21 57	11 55	1 53	7R 55		✱	△	✱		✱	⚼		
3	19 2	27 11	22 50	13 45	22 5	11 57	1 54	7 55	□		⚼		△				
4	18 20	28 12	23 35	13 58	22 13	11 59	1 55	7 54		□		□		□			⚼
5	17 36	29♒14	24 20	14 12	22 20	12 2	1 56	7 53					⚼			☍	△
6	16 49	0♓17	25 6	14 25	22 28	12 3	1 57	7 52	△	△				△	☍		
7	16 2	1 19	25 51	14 39	22 35	12 5	1 58	7 51	⚼	⚼	☍	△					
8	15 15	2 22	26 36	14 52	22 43	12 7	1 59	7 51				⚼	☍	⚼		⚼	□
9	14 28	3 25	27 21	15 5	22 50	12 9	2 0	7 50							⚼		
10	13 43	4 28	28 6	15 18	22 58	12 11	2 0	7 49								△	✱
11	13 0	5 32	28 51	15 31	23 6	12 13	2 1	7 48	☍	☍	⚼				△		
12	12 21	6 36	29♈36	15 44	23 13	12 14	2 2	7 47				☍	⚼	☍		□	∠
13	11 45	7 40	0♉20	15 57	23 21	12 16	2 3	7 46			△		△		□		⊻
14	11 14	8 44	1 5	16 10	23 28	12 18	2 3	7 45		⚼							
15	10 47	9 48	1 50	16 23	23 36	12 19	2 4	7 44		△	□			⚼		✱	☌
16	10 25	10 53	2 35	16 36	23 44	12 21	2 4	7 43	⚼			⚼	□		✱	∠	
17	10 8	11 58	3 19	16 48	23 51	12 22	2 5	7 41	△			△		△	∠	⊻	
18	9 56	13 3	4 4	17 1	23 59	12 24	2 6	7 40		□	✱		✱		⊻		⊻
19	9 49	14 8	4 48	17 13	24 6	12 25	2 6	7 39	□		∠			□			∠
20	9D 48	15 14	5 33	17 26	24 14	12 26	2 7	7 38		✱		□	∠		☌	☌	✱
21	9 51	16 20	6 17	17 38	24 22	12 28	2 7	7 37		∠	⊻		⊻	✱			
22	10 0	17 25	7 2	17 51	24 29	12 29	2 7	7 35	✱	⊻		✱		∠	⊻	⊻	□
23	10 13	18 31	7 46	18 3	24 37	12 30	2 8	7 34	∠		●	∠	●	⊻	∠	∠	
24	10 31	19 38	8 30	18 15	24 44	12 31	2 8	7 33	⊻	●		⊻			✱	✱	△
25	10 54	20 44	9 15	18 27	24 52	12 33	2 8	7 32			⊻		⊻	☌			⚼
26	11 21	21 50	9 59	18 39	24 59	12 34	2 9	7 30	☌	⊻	∠	☌	∠		□	□	
27	11 52	22 57	10 43	18 51	25 7	12 35	2 9	7 29		∠	✱		✱	⊻			
28	12 27	24 4	11 27	19 3	25 14	12 36	2 9	7 28	⊻	✱		⊻		∠	△	△	☍
29	13 6	25 11	12 11	19 15	25 22	12 36	2 9	7 26	∠		□	∠	□	✱	⚼	⚼	
30	13♈49	26♓18	12♉55	19♓26	25♈29	12♒37	2♒10	7♐ 25	✱								

D	Saturn		Uranus		Neptune		Pluto	
M	Lat.	Dec.	Lat.	Dec.	Lat.	Dec.	Lat.	Dec.
	° ′	° ′	° ′	° ′	° ′	° ′	° ′	° ′
1	2S15	6N25	0S37	17S49	0N21	19S24	12N19	9S28
3	2 15	6 31	0 37	17 48	0 21	19 23	12 20	9 27
5	2 15	6 36	0 37	17 47	0 21	19 23	12 20	9 26
7	2 15	6 42	0 37	17 46	0 21	19 23	12 21	9 26
9	2 15	6 48	0 38	17 45	0 21	19 22	12 21	9 25
11	2 15	6 53	0 38	17 44	0 21	19 22	12 22	9 24
13	2 15	6 59	0 38	17 43	0 21	19 21	12 22	9 23
15	2 15	7 5	0 38	17 42	0 21	19 21	12 22	9 23
17	2 15	7 10	0 38	17 42	0 21	19 21	12 23	9 22
19	2 15	7 16	0 38	17 41	0 21	19 21	12 23	9 21
21	2 15	7 21	0 38	17 40	0 21	19 20	12 24	9 20
23	2 15	7 27	0 38	17 40	0 21	19 20	12 24	9 20
25	2 15	7 32	0 38	17 39	0 21	19 20	12 24	9 19
27	2 15	7 37	0 38	17 38	0 21	19 20	12 25	9 18
29	2 15	7 43	0 38	17 38	0 21	19 20	12 25	9 18
31	2S15	7N48	0S38	17S38	0N21	19S20	12N25	9S17

Mutual Aspects

1 ☉✱♅.
2 ☿⊥♃. ♂☌♄.
3 ☉⊻♃. ☉Q♆. ♂⚼♇.
5 ♂Q♅. ☿P♇.
6 ☉☌☿. ☿P♂. ♂P♇.
7 ☿∠♀. ☉P♃. ☉P♄.
8 ☿⊻♃. ♀⊻♆. ♀P♂.
9 ♄⚼♇. ☉P☿. ♃P♄.
10 ☿Q♆. ☿P♄.
11 ☉⊥♃. ☿P♃. ♀P♇.
12 ☉⚼♇. ☿⊥♀. ☿✱♅. ☉P♀.
13 ☉☌♄. ♀⊥♆. ♀□♇.
14 ☉Q♅. ♀∠♄. ♂∠♃. ☉P♇.
15 ♂□♆. ♂±♇.
16 ☿⊻♀.
17 ♀⊻♅. ♀P♄.
18 ♃∠♆.
20 ☉∠♀. ☿Stat.
21 ☉±♇.
22 ☉□♆. ♀☌♃. ♀∠♆. ♄Q♅. ♀P♃.
23 ☉∠♃. ♀⊥♄. ♀⊥♅. ♂∇♇.
25 ♃⊥♅. 27 ☉∇♇.
28 ☿✱♅.
29 ♀⊻♄. ☿P♀.
30 ☿Q♆. ♂□♅.

LAST QUARTER-Apr.19, 7h.53m. pm. (29°♑33′)

NEW MOON-May 25, 7h.32m. pm. (4°♊23′)

10					MAY		1998			[RAPHAEL'S

D M	D W	Sidereal Time	⊙ Long.	⊙ Dec.	☽ Long.	☽ Lat.	☽ Dec.	☽ Node	Midnight ☽ Long.	☽ Dec.
		H. M. S.	° ′ ″	° ′	° ′ ″	° ′	° ′	° ′	° ′ ″	° ′
1	F	2 36 52	10 ♉ 55 2	15 N 6	18 ♋ 8 14	3 S 55	18 N20	7 ♍ 21	24 ♋ 42 25	17 N43
2	S	2 40 48	11 53 16	15 24	1 ♌ 9 57	3 5	16 53	7 18	7 ♌ 31 19	15 52
3	Su	2 44 45	12 51 28	15 42	13 47 7	2 7	14 39	7 14	19 57 56	13 18
4	M	2 48 41	13 49 38	15 59	26 4 26	1 5	11 48	7 11	2 ♍ 7 17	10 12
5	T	2 52 38	14 47 46	16 16	8 ♍ 7 7	0 S 1	8 30	7 8	14 4 35	6 44
6	W	2 56 35	15 45 52	16 33	20 0 18	1 N 2	4 54	7 5	25 54 51	3 N 2
7	Th	3 0 31	16 43 56	16 50	1 ♎ 48 46	2 2	1 N 8	7 2	7 ♎ 42 32	0 S 46
8	F	3 4 28	17 41 58	17 7	13 36 36	2 56	2 S 40	6 59	19 31 24	4 33
9	S	3 8 24	18 39 59	17 23	25 27 14	3 43	6 23	6 55	1 ♏ 24 26	8 10
10	Su	3 12 21	19 37 58	17 38	7 ♏ 23 14	4 20	9 52	6 52	13 23 51	11 29
11	M	3 16 17	20 35 55	17 54	19 26 27	4 46	13 0	6 49	25 31 11	14 22
12	T	3 20 14	21 33 51	18 9	1 ♐ 38 9	5 0	15 36	6 46	7 ♐ 47 26	16 39
13	W	3 24 10	22 31 45	18 24	13 59 9	4 59	17 32	6 43	20 13 22	18 12
14	Th	3 28 7	23 29 38	18 39	26 30 11	4 44	18 39	6 39	2 ♑ 49 41	18 53
15	F	3 32 4	24 27 29	18 53	9 ♑ 12 2	4 15	18 52	6 36	15 37 22	18 37
16	S	3 36 0	25 25 20	19 7	22 5 52	3 33	18 7	6 33	28 37 45	17 23
17	Su	3 39 57	26 23 9	19 21	5 ♒ 13 14	2 39	16 24	6 30	11 ♒ 52 34	15 11
18	M	3 43 53	27 20 56	19 34	18 36 0	1 34	13 45	6 27	25 23 46	12 7
19	T	3 47 50	28 18 43	19 47	2 ✕ 16 5	0 N24	10 18	6 24	9 ✕ 13 6	8 19
20	W	3 51 46	29 ♉ 16 28	20 0	16 14 54	0 S 50	6 12	6 20	23 21 29	3 S 58
21	Th	3 55 43	0 ♊ 14 13	20 12	0 ♈ 32 43	2 2	1 S 39	6 17	7 ♈ 48 19	0 N42
22	F	3 59 39	1 11 56	20 24	15 7 52	3 8	3 N 4	6 14	22 30 46	5 24
23	S	4 3 36	2 9 39	20 36	29 56 16	4 2	7 40	6 11	7 ♉ 23 26	9 49
24	Su	4 7 33	3 7 20	20 47	14 ♉ 51 17	4 40	11 50	6 8	22 18 40	13 38
25	M	4 11 29	4 5 0	20 58	29 44 26	4 59	15 14	6 5	7 ♊ 7 29	16 33
26	T	4 15 26	5 2 39	21 8	14 ♊ 26 44	4 57	17 36	6 1	21 41 13	18 22
27	W	4 19 22	6 0 17	21 18	28 50 10	4 37	18 49	5 58	5 ♋ 52 55	18 58
28	Th	4 23 19	6 57 53	21 28	12 ♋ 49 9	3 4	18 50	5 55	19 38 19	18 25
29	F	4 27 15	7 55 28	21 38	26 20 40	3 11	17 45	5 52	2 ♌ 56 12	16 51
30	S	4 31 12	8 53 2	21 47	9 ♌ 25 11	2 13	15 45	5 49	15 48 0	14 28
31	Su	4 35 8	9 ♊ 50 34	21 N55	22 ♌ 5 8	1 S 10	13 N 2	5 ♍ 45	28 ♌ 17 8	11 N28

D M	Mercury			Venus			Mars			Jupiter	
	Lat.	Dec.		Lat.	Dec.		Lat.	Dec.		Lat.	Dec.
	° ′	° ′	° ′	° ′	° ′	° ′	° ′	° ′	° ′	° ′	° ′
1	2 S 45	3 N13	3 N 28	1 S 14	2 S 10	1 S 46	0 S 5	15 N52	16 N 5	1 S 1	5 S 2
3	2 54	3 44	4 2	1 20	1 22	0 58	0 3	16 19	16 32	1 1	4 54
5	3 1	4 22	4 44	1 26	0 S 33	0 S 9	0 2	16 45	16 58	1 2	4 45
7	3 4	5 7	5 31	1 31	0 N16	0 N40	0 S 5	17 11	17 24	1 2	4 37
9	3 6	5 57	6 24	1 36	1 5	1 30	0 N 1	17 36	17 49	1 2	4 29
11	3 4	6 52	7 22	1 41	1 55	2 20	0 2	18 1	18 13	1 3	4 21
13	3 0	7 53	8 25	1 45	2 45	3 10	0 3	18 25	18 36	1 3	4 13
15	2 54	8 58	9 31	1 48	3 35	4 0	0 4	18 48	18 59	1 4	4 5
17	2 45	10 6	10 42	1 52	4 25	4 50	0 6	19 10	19 21	1 4	3 57
19	2 34	11 18	11 55	1 54	5 15	5 40	0 7	19 31	19 42	1 5	3 50
21	2 22	12 32	13 10	1 57	6 5	6 30	0 8	19 52	20 2	1 5	3 43
23	2 7	13 48	14 27	1 59	6 55	7 19	0 9	20 12	20 22	1 6	3 36
25	1 50	15 6	15 45	2 0	7 44	8 9	0 11	20 31	20 41	1 6	3 29
27	1 32	16 24	17 2	2 2	8 33	8 58	0 12	20 50	20 59	1 6	3 23
29	1 12	17 41	18 N 19	2 2	9 22	9 N46	0 13	21 7	21 N 16	1 7	3 16
31	0 S 52	18 N56		2 S 3	10 N10		0 N14	21 N24		1 S 7	3 S 10

FIRST QUARTER-May 3,10h. 4m. am. (12°♌47′)

FULL MOON-May 11, 2h.29m. pm. (20°♏42′)

D M	☿ Long.	♀ Long.	♂ Long.	♃ Long.	♄ Long.	♅ Long.	♆ Long.	♇ Long.	☉	☿	♀	♂	♃	♄	♅	♆	♇
	° ′	° ′	° ′	° ′	° ′	° ′	° ′	° ′	Lunar Aspects								
1	14♈36	27♓25	13♉39	19♓38	25♈37	12♒38	2♒10	7♐23		□		⚹	△				⚻
2	15 26	28 32	14 23	19 49	25 44	12 39	2 10	7R 22			△		⚻	□		☍	△
3	16 19	29♓40	15 7	20 1	25 52	12 40	2 10	7 21	□	△	⚻	□			☍		
4	17 15	0♈47	15 50	20 12	25 59	12 40	2R 10	7 19						△			
5	18 15	1 55	16 34	20 23	26 6	12 41	2 10	7 18		⚻				⚻			□
6	19 17	3 2	17 18	20 35	26 14	12 42	2 10	7 16	△			△	☍			⚻	
7	20 22	4 10	18 1	20 46	26 21	12 42	2 10	7 15	⚻		☍	⚻			⚻	△	⚹
8	21 30	5 18	18 45	20 57	26 28	12 43	2 10	7 13							△		
9	22 40	6 26	19 28	21 7	26 35	12 43	2 9	7 12		☍				☍			∠
10	23 53	7 34	20 12	21 18	26 43	12 43	2 9	7 10					⚻		□	□	⚺
11	25 9	8 43	20 55	21 29	26 50	12 44	2 9	7 9	☍		⚻	☍	△				
12	26 27	9 51	21 39	21 39	26 57	12 44	2 9	7 7								⚹	☌
13	27 47	11 0	22 22	21 50	27 4	12 44	2 8	7 5		⚻	△			⚻	⚹	∠	
14	29♈10	12 8	23 5	22 0	27 11	12 44	2 8	7 4		△			□	△	∠	⚺	
15	0♉35	13 17	23 48	22 10	27 18	12 44	2 8	7 2	⚻		□	⚻			⚺		⚺
16	2 2	14 26	24 31	22 20	27 25	12 45	2 7	7 1	△			△	⚹	□			∠
17	3 32	15 34	25 15	22 30	27 32	12 45	2 7	6 59		□			∠			☌	⚹
18	5 4	16 43	25 58	22 40	27 39	12R 45	2 7	6 57			⚹		⚺		☌		
19	6 38	17 52	26 41	22 50	27 46	12 45	2 6	6 56	□	⚹	∠	□		⚹		⚺	□
20	8 14	19 1	27 24	23 0	27 53	12 44	2 6	6 54			⚺		☌	∠	⚺	∠	
21	9 53	20 11	28 6	23 9	28 0	12 44	2 5	6 53	⚹	∠		⚹		⚺	∠	⚹	△
22	11 34	21 20	28 49	23 18	28 7	12 44	2 5	6 51	∠	⚺	☌	∠			⚹		⚻
23	13 16	22 29	29♉32	23 28	28 14	12 44	2 4	6 49	⚺			⚺	⚺	☌		□	
24	15 2	23 39	0♊15	23 37	28 20	12 43	2 3	6 48		☌			∠		□		
25	16 49	24 48	0 57	23 46	28 27	12 43	2 3	6 46	☌		⚺	☌	⚹	⚺		△	☍
26	18 38	25 57	1 40	23 55	28 34	12 43	2 2	6 44		⚺	∠			∠	△	⚻	
27	20 30	27 7	2 23	24 4	28 40	12 42	2 1	6 43			⚹	⚺	□	⚹	⚻		
28	22 24	28 17	3 5	24 12	28 47	12 42	2 1	6 41	⚺	∠		∠					
29	24 20	29♈26	3 48	24 21	28 53	12 41	2 0	6 40	∠	⚹	□		△	□		☍	⚻
30	26 18	0♉36	4 30	24 29	29 0	12 41	1 59	6 38	⚹			⚹	⚻		☍		△
31	28♉18	1♉46	5♊13	24♓37	29♈6	12♒40	1♒58	6♐36									

D M	Saturn Lat.	Saturn Dec.	Uranus Lat.	Uranus Dec.	Neptune Lat.	Neptune Dec.	Pluto Lat.	Pluto Dec.
	° ′	° ′	° ′	° ′	° ′	° ′	° ′	° ′
1	2S15	7N48	0S38	17S38	0N21	19S20	12N25	9S17
3	2 15	7 53	0 38	17 37	0 21	19 20	12 25	9 16
5	2 15	7 59	0 38	17 37	0 21	19 20	12 25	9 16
7	2 15	8 4	0 39	17 37	0 21	19 20	12 26	9 15
9	2 16	8 9	0 39	17 37	0 21	19 20	12 26	9 15
11	2 16	8 14	0 39	17 36	0 21	19 20	12 26	9 14
13	2 16	8 19	0 39	17 36	0 21	19 20	12 26	9 13
15	2 16	8 24	0 39	17 36	0 21	19 20	12 26	9 13
17	2 16	8 28	0 39	17 36	0 21	19 20	12 26	9 12
19	2 17	8 33	0 39	17 36	0 21	19 21	12 26	9 12
21	2 17	8 38	0 39	17 37	0 21	19 21	12 26	9 11
23	2 17	8 43	0 39	17 37	0 21	19 21	12 26	9 11
25	2 17	8 47	0 39	17 37	0 21	19 21	12 26	9 11
27	2 18	8 51	0 39	17 37	0 21	19 22	12 25	9 10
29	2 18	8 56	0 39	17 38	0 21	19 22	12 25	9 10
31	2S18	9N 0	0S39	17S38	0N21	19S22	12N25	9S10

Mutual Aspects

1 ♀∠♅. ♃⊥♄.
3 ☉□♅.
4 ♀∠♂. ♆Stat.
5 ♀⚹♆. 6 ☿P♃.
7 ☿⚺♃.
9 ☿⚻♇. ♂P♅.
10 ♀△♇. ☉P♅.
11 ☿Q♅.
12 ☉☌♂. ☉⚹♃. ☿☌♄. ♂⚹♃.
13 ☿⊥♃. ☉P♂.
14 ☿P♄.
15 ☿±♇. ♀⚹♅. ☿P♇.
16 ☿□♆. ♀Q♆. ♀P♃.
17 ☉P♆. ♅Stat.
18 ☉⚺♄. ♂P♆.
19 ☿∇♇. 20 ☿∠♃.
21 ♂⚺♄.
22 ♀⚻♇.
23 ☉△♆. ☿□♅.
24 ♀⚺♃.
25 ☉⊥♄. ♀⊥♂. ♀Q♅.
27 ☉Q♃. ♂△♆.
28 ☉☍♇. ♀☌♄. ♀P♄.
29 ☿⚹♃. ☿P♅. ♀P♇.
30 ♀⊥♃. ♀±♇.
31 ☿⚺♄. ♀□♆. ♂⊥♄.

LAST QUARTER-May 19, 4h.35m. am. (28°♒ 1′)

| 12 | | | | | JUNE | 1998 | | | | [RAPHAEL'S |

D	D	Sidereal	☉	☉	☽	☽	☽	☽	Midnight	
M	W	Time	Long.	Dec.	Long.	Lat.	Dec.	Node	☽ Long.	☽ Dec.

		H. M. S.	° ′ ″	° ′	° ′ ″	° ′	° ′	° ′	° ′ ″	° ′
1	M	4 39 5	10 ♊ 48 5	22 N 4	4 ♍ 24 38	0 S 6	9 N48	5 ♍ 42	10 ♍ 28 16	8 N 3
2	T	4 43 1	11 45 35	22 12	16 28 44	0 N58	6 14	5 39	22 26 42	4 21
3	W	4 46 58	12 43 3	22 19	28 22 51	1 58	2 N27	5 36	4 ♎ 17 50	0 N32
4	Th	4 50 55	13 40 30	22 26	10 ♎ 12 17	2 53	1 S 23	5 33	16 6 48	3 S 18
5	F	4 54 51	14 37 56	22 33	22 1 55	3 40	5 11	5 30	27 58 10	7 1
6	S	4 58 48	15 35 21	22 39	3 ♏ 56 0	4 18	8 47	5 26	9 ♏ 55 47	10 28
7	Su	5 2 44	16 32 45	22 45	15 57 54	4 45	12 4	5 23	22 2 35	13 33
8	M	5 6 41	17 30 7	22 51	28 10 4	4 59	14 53	5 20	4 ✗ 20 30	16 5
9	T	5 10 37	18 27 29	22 56	10 ✗ 34 0	4 59	17 5	5 17	16 50 36	17 54
10	W	5 14 34	19 24 50	23 1	23 10 18	4 45	18 31	5 14	29 33 5	18 53
11	Th	5 18 31	20 22 10	23 5	5 ♑ 58 54	4 17	19 2	5 10	12 ♑ 27 41	18 55
12	F	5 22 27	21 19 30	23 9	18 59 21	3 34	18 33	5 7	25 33 52	17 56
13	S	5 26 24	22 16 49	23 13	2 ≈ 11 10	2 40	17 4	5 4	8 ≈ 51 13	15 58
14	Su	5 30 20	23 14 8	23 16	15 34 1	1 36	14 38	5 1	22 19 36	13 6
15	M	5 34 17	24 11 26	23 19	29 8 0	0 N25	11 23	4 58	5 ✕ 59 15	9 29
16	T	5 38 13	25 8 43	23 21	12 ✕ 53 26	0 S 48	7 27	4 55	19 50 34	5 18
17	W	5 42 10	26 6 1	23 23	26 50 41	1 59	3 S 4	4 51	3 ♈ 53 44	0 S 47
18	Th	5 46 6	27 3 18	23 24	10 ♈ 59 37	3 4	1 N32	4 48	18 8 11	3 N50
19	F	5 50 3	28 0 34	23 25	25 19 8	3 58	6 6	4 45	2 ♉ 32 6	8 17
20	S	5 54 0	28 57 51	23 26	9 ♉ 46 35	4 38	10 21	4 42	17 2 1	12 16
21	Su	5 57 56	29 ♊ 55 7	23 26	24 17 42	5 0	14 0	4 39	1 ♊ 32 53	15 31
22	M	6 1 53	0 ♋ 52 24	23 26	8 ♊ 46 44	5 2	16 47	4 36	15 58 28	17 47
23	T	6 5 49	1 49 40	23 25	23 7 16	4 46	18 30	4 32	0 ♋ 12 22	18 55
24	W	6 9 46	2 46 55	23 24	7 ♋ 13 7	4 12	19 2	4 29	14 8 58	18 52
25	Th	6 13 42	3 44 11	23 23	20 59 27	3 25	18 26	4 26	27 44 17	17 44
26	F	6 17 39	4 41 26	23 21	4 ♌ 23 19	2 26	16 47	4 23	10 ♌ 56 32	15 39
27	S	6 21 35	5 38 40	23 19	17 24 3	1 22	14 19	4 20	23 46 6	12 50
28	Su	6 25 32	6 35 54	23 16	0 ♍ 0 9	0 S 15	11 13	4 16	6 ♍ 15 11	9 30
29	M	6 29 29	7 33 7	23 13	12 23 8	0 N51	7 42	4 13	18 27 26	5 50
30	T	6 33 25	8 ♋ 30 20	23 N10	24 ♍ 28 40	1 N53	3 N56	4 ♍ 10	0 ♎ 27 27	2 N 0

D	Mercury		Venus		Mars		Jupiter	
M	Lat.	Dec.	Lat.	Dec.	Lat.	Dec.	Lat.	Dec.

	° ′	° ′ ° ′	° ′	° ′ ° ′	° ′	° ′ ° ′	° ′	° ′
1	0 S 41	19 N33	2 S 3	10 N34	0 N 15	21 N32	1 S 8	3 S 7
3	0 S 20	20 43 20 N 8	2 3	11 21 10 N57	0 16	21 48 21 N 40	1 8	3 1
5	0 N 2	21 47 21 16	2 2	12 7 11 44	0 17	22 3 21 55	1 9	2 56
7	0 23	22 45 22 17	2 2	12 52 12 30	0 19	22 16 22 10	1 9	2 50
9	0 43	23 34 23 10	2 0	13 37 13 15	0 20	22 30 22 23	1 10	2 45
		23 54		13 58		22 36		
11	1 1	24 12 24 28	1 59	14 20 14 41	0 21	22 42 22 47	1 10	2 40
13	1 17	24 40 24 50	1 57	15 2 15 23	0 22	22 53 22 58	1 11	2 36
15	1 31	24 57 25 2	1 55	15 43 16 3	0 23	23 4 23 8	1 11	2 32
17	1 42	25 3 25 2	1 53	16 23 16 42	0 25	23 13 23 18	1 12	2 27
19	1 50	24 58 24 52	1 50	17 1 17 19	0 26	23 22 23 26	1 13	2 24
21	1 55	24 43 24 32	1 47	17 37 17 55	0 27	23 30 23 33	1 13	2 20
23	1 57	24 19 24 4	1 44	18 12 18 29	0 28	23 37 23 40	1 14	2 17
25	1 56	23 47 23 28	1 40	18 45 19 1	0 29	23 43 23 46	1 14	2 14
27	1 53	23 8 22 47	1 36	19 17 19 32	0 30	23 48 23 51	1 15	2 11
29	1 46	22 24 21 N 59	1 33	19 46 20 N 0	0 32	23 53 23 N 55	1 15	2 9
31	1 N38	21 N34	1 S 28	20 N14	0 N 33	23 N56	1 S 16	2 S 7

FULL MOON-June10, 4h.18m. am. (19°♐ 6′)

D M	☿ Long.	♀ Long.	♂ Long.	♃ Long.	♄ Long.	♅ Long.	♆ Long.	♇ Long.	☉	☿	♀	♂	♃	♄	♅	♆	♇
	° ′	° ′	° ′	° ′	° ′	° ′	° ′	° ′	Lunar Aspects								
1	0♊20	2♉56	5♊55	24♓45	29♈13	12♒39	1♒57	6♐35		□	△	□		△			□
2	2 24	4 6	6 37	24 53	29 19	12R 38	1R 57	6R 33	□		⚼			⚼		⚼	
3	4 29	5 16	7 19	25 1	29 25	12 38	1 56	6 31					☍		⚼	△	
4	6 36	6 26	8 2	25 9	29 31	12 37	1 55	6 30	△	△		△			△		⚹
5	8 45	7 36	8 44	25 16	29 37	12 36	1 54	6 28		⚼		⚼					∠
6	10 55	8 46	9 26	25 24	29 44	12 35	1 53	6 26	⚼		☍			☍		□	⚺
7	13 5	9 57	10 8	25 31	29 50	12 34	1 52	6 25					⚼		□		
8	15 17	11 7	10 50	25 38	29♈56	12 33	1 51	6 23					△			⚹	
9	17 28	12 17	11 32	25 45	0♉ 1	12 32	1 50	6 22				☍		⚼	⚹	∠	☌
10	19 41	13 28	12 13	25 52	0 7	12 31	1 49	6 20	☍	☍	⚼		□		∠		
11	21 53	14 38	12 55	25 59	0 13	12 30	1 48	6 19						△		⚺	⚺
12	24 4	15 49	13 37	26 5	0 19	12 29	1 47	6 17			△				⚺		∠
13	26 15	16 59	14 19	26 11	0 25	12 27	1 45	6 15	⚼			⚼	⚹	□		☌	⚹
14	28♊25	18 10	15 0	26 18	0 30	12 26	1 44	6 14		⚼	□	△	∠		☌		
15	0♋35	19 20	15 42	26 24	0 36	12 25	1 43	6 12	△	△			⚺	⚹		⚺	
16	2 42	20 31	16 24	26 30	0 41	12 23	1 42	6 11				□		∠	⚺	∠	□
17	4 49	21 42	17 5	26 35	0 47	12 22	1 41	6 9	□		⚹		●	⚺	∠	⚹	
18	6 53	22 53	17 47	26 41	0 52	12 21	1 39	6 8		□	∠	⚹			⚹		△
19	8 56	24 4	18 28	26 46	0 57	12 19	1 38	6 6	⚹		⚺		⚺	☌		□	⚼
20	10 57	25 14	19 9	26 51	1 2	12 18	1 37	6 5	∠	⚹		∠	∠		□		
21	12 56	26 25	19 51	26 56	1 8	12 16	1 36	6 3	⚺	∠	☌	⚺	⚹	⚺			
22	14 53	27 36	20 32	27 1	1 13	12 15	1 34	6 2		⚺					△	△	☍
23	16 48	28 48	21 13	27 6	1 18	12 13	1 33	6 0			⚺	☌	□	∠	⚼	⚼	
24	18 41	29♉59	21 54	27 10	1 23	12 11	1 31	5 59	☌					⚹			
25	20 32	1♊10	22 36	27 15	1 27	12 10	1 30	5 58		☌	∠	⚺	△				⚼
26	22 20	2 21	23 17	27 19	1 32	12 8	1 29	5 56	⚺		⚹	∠		□		☍	△
27	24 6	3 32	23 58	27 23	1 37	12 6	1 27	5 55	∠				⚼		☍		
28	25 50	4 44	24 39	27 27	1 42	12 4	1 26	5 53		⚺	□	⚹		△			□
29	27 32	5 55	25 20	27 30	1 46	12 3	1 24	5 52	⚹	∠				⚼		⚼	
30	29♋12	7♊ 6	26♊ 1	27♓34	1♉51	12♒ 1	1♒23	5♐51		⚹		□	☍		⚼		

D M	Saturn Lat.	Saturn Dec.	Uranus Lat.	Uranus Dec.	Neptune Lat.	Neptune Dec.	Pluto Lat.	Pluto Dec.
	° ′	° ′	° ′	° ′	° ′	° ′	° ′	° ′
1	2S18	9N 2	0S39	17S38	0N21	19S23	12N25	9S 9
3	2 18	9 6	0 40	17 39	0 21	19 23	12 25	9 9
5	2 19	9 10	0 40	17 39	0 21	19 23	12 25	9 9
7	2 19	9 14	0 40	17 40	0 21	19 24	12 24	9 9
9	2 19	9 18	0 40	17 41	0 21	19 24	12 24	9 9
11	2 20	9 22	0 40	17 41	0 21	19 25	12 24	9 8
13	2 20	9 26	0 40	17 42	0 21	19 25	12 23	9 8
15	2 20	9 29	0 40	17 43	0 21	19 26	12 23	9 8
17	2 21	9 33	0 40	17 44	0 21	19 26	12 22	9 8
19	2 21	9 36	0 40	17 45	0 21	19 27	12 22	9 8
21	2 22	9 39	0 40	17 46	0 21	19 28	12 21	9 8
23	2 22	9 42	0 40	17 46	0 21	19 28	12 21	9 8
25	2 22	9 45	0 40	17 47	0 21	19 29	12 20	9 8
27	2 23	9 48	0 40	17 48	0 21	19 29	12 20	9 8
29	2 23	9 51	0 40	17 50	0 21	19 30	12 19	9 9
31	2S24	9N53	0S40	17S51	0N21	19S31	12N18	9S 9

Mutual Aspects

1 ☿ P ♆.
2 ☿ △ ♆. ♂ Q ♃. ♂ ☍ ♇.
3 ☉ △ ♅. ☿ ⊥ ♄.
4 ☿ ⚺ ♀. ☿ Q ♃. ☿ ☍ ♇. ♀ ⚻ ♇. ♄ P ♇.
5 ☉ ∠ ♄. ☿ ☌ ♂.
6 ☿ P ♂.
7 ☉ ⚼ ♆. ☿ △ ♅. ♀ ⚺ ♂. ☉ P ☿.
8 ☿ ∠ ♄. ♀ ∠ ♃.
9 ☿ ⚼ ♆. ♀ □ ♅.
10 ☉ ☌ ☿. ☉ ⊥ ♀. ☿ ⊥ ♀. ♂ △ ♅.
12 ♄ ± ♇.
13 ☿ □ ♃. ☿ ± ♆.
14 ☿ ⚼ ♅.
15 ☿ ⚹ ♄. ♂ ∠ ♄.
16 ☿ ⚻ ♆. ♂ ⚼ ♆.
17 ☉ ± ♆.
18 ☉ □ ♃. ☉ ⚼ ♅. ☿ ± ♅. ☿ ⚻ ♇.
19 ☿ ∠ ♀. 20 ☉ P ♂.
21 ☿ Q ♄. ☿ ⚻ ♅. ☿ ± ♇. ♀ ⚹ ♃. ♀ P ♅.
22 ☉ ⚹ ♄. 23 ☉ ⚻ ♆.
24 ♃ ∠ ♅.
25 ☿ ⚼ ♇. ♀ ⚺ ♄. ♀ △ ♆. ♄ □ ♆. ☿ P ♂.
26 ☉ P ☿.
27 ☉ ± ♅. ☉ ⚻ ♇. ☿ ⚺ ♂.
28 ♀ P ♆.
29 ☿ △ ♃. ♀ ☍ ♇. ♂ ± ♆.

LAST QUARTER-June17,10h.38m. am. (26°♓ 3′)

NEW MOON-July23, 1h.44m. pm. (0°♌31′)

D	D	Sidereal	☉	☉	☽	☽	☽	☽	Midnight	
M	W	Time	Long.	Dec.	Long.	Lat.	Dec.	Node	☽ Long.	☽ Dec.

		H. M. S.	° ′ ″	° ′	° ′ ″	° ′	° ′	° ′	° ′ ″	° ′
1	W	6 37 22	9♋27 33	23 N 6	6♎24 26	2 N50	0 N 4	4 ♍ 7	12♎20 16	1 S 52
2	Th	6 41 18	10 24 45	23 2	18 15 36	3 39	3 S 47	4 4	24 11 4	5 39
3	F	6 45 15	11 21 57	22 57	0♏ 7 18	4 19	7 28	4 1	6♏ 4 51	9 13
4	S	6 49 11	12 19 9	22 52	12 4 17	4 48	10 53	3 57	18 6 6	12 27
5	Su	6 53 8	13 16 20	22 47	24 10 45	5 4	13 54	3 54	0♐18 36	15 12
6	M	6 57 4	14 13 31	22 41	6♐30 0	5 7	16 21	3 51	12 45 11	17 19
7	T	7 1 1	15 10 42	22 34	19 4 20	4 55	18 5	3 48	25 27 33	18 39
8	W	7 4 58	16 7 53	22 27	1♑54 52	4 28	18 58	3 45	8♑26 13	19 2
9	Th	7 8 54	17 5 5	22 21	15 1 32	3 46	18 50	3 42	21 40 37	18 23
10	F	7 12 51	18 2 16	22 13	28 23 17	2 52	17 41	3 38	5≈ 9 16	16 42
11	S	7 16 47	18 59 27	22 6	11≈58 19	1 47	15 30	3 35	18 50 8	14 3
12	Su	7 20 44	19 56 39	21 57	25 44 26	0 N34	12 24	3 32	2 ✕ 40 57	10 34
13	M	7 24 40	20 53 51	21 49	9 ✕ 39 26	0 S 41	8 35	3 29	16 39 38	6 28
14	T	7 28 37	21 51 4	21 40	23 41 18	1 55	4 S 16	3 26	0 ♈ 44 16	2 S 0
15	W	7 32 33	22 48 17	21 31	7 ♈48 18	3 2	0 N18	3 22	14 53 12	2 N36
16	Th	7 36 30	23 45 31	21 21	21 58 46	3 58	4 52	3 19	29 4 48	7 4
17	F	7 40 27	24 42 45	21 11	6 ♉11 1	4 40	9 10	3 16	13 ♉ 17 10	11 8
18	S	7 44 23	25 40 0	21 0	20 22 56	5 5	12 56	3 13	27 58 14	14 33
19	Su	7 48 20	26 37 16	20 50	4 ♊31 53	5 11	15 57	3 10	11 ♊ 34 17	17 6
20	M	7 52 16	27 34 33	20 39	18 34 43	4 58	18 0	3 7	25 32 47	18 37
21	T	7 56 13	28 31 50	20 27	2♋28 2	4 28	18 57	3 3	9♋20 2	19 0
22	W	8 0 9	29♋29 8	20 15	16 8 27	3 43	18 46	3 0	22 52 56	18 17
23	Th	8 4 6	0 ♌26 27	20 3	29 33 14	2 46	17 32	2 57	6 ♌ 9 10	16 33
24	F	8 8 2	1 23 46	19 51	12♌40 35	1 42	15 22	2 54	19 7 29	14 1
25	S	8 11 59	2 21 6	19 38	25 29 55	0 S 33	12 30	2 51	1 ♍48 0	10 51
26	Su	8 15 56	3 18 26	19 25	8♍ 1 57	0 N35	9 6	2 48	14 12 3	7 16
27	M	8 19 52	4 15 47	19 11	20 18 39	1 41	5 23	2 44	26 22 8	3 N28
28	T	8 23 49	5 13 8	18 58	2♎23 0	2 41	1 N31	2 41	8♎21 43	0 S 26
29	W	8 27 45	6 10 30	18 44	14 18 50	3 34	2 S 22	2 38	20 14 55	4 16
30	Th	8 31 42	7 7 52	18 29	26 10 34	4 17	6 7	2 35	2♏ 6 21	7 55
31	F	8 35 38	8♌ 5 15	18 N15	8♏ 2 53	4 N49	9 S 38	2 ♍ 32	14♏ 0 47	11 S 16

D	Mercury			Venus			Mars			Jupiter	
M	Lat.	Dec.		Lat.	Dec.		Lat.	Dec.		Lat.	Dec.

	° ′	° ′	° ′	° ′	° ′	° ′	° ′	° ′	° ′	° ′	° ′
1	1 N38	21 N34	21 N 7	1 S 28	20 N14	20 N27	0 N 33	23 N56	23 N 58	1 S 16	2 S 7
3	1 27	20 40	20 12	1 24	20 39	20 51	0 34	23 59	24 0	1 17	2 5
5	1 13	19 43	19 14	1 20	21 3	21 14	0 35	24 1	24 2	1 17	2 3
7	0 58	18 44	18 14	1 15	21 24	21 34	0 36	24 2	24 2	1 18	2 2
9	0 41	17 44	17 13	1 10	21 43	21 52	0 37	24 2	24 2	1 18	2 1
11	0 22	16 42	16 11	1 5	22 0	22 7	0 38	24 2	24 1	1 19	2 0
13	0 N 1	15 41	15 10	1 0	22 14	22 20	0 39	24 0	23 59	1 20	2 0
15	0 S21	14 40	14 10	0 55	22 26	22 31	0 40	23 58	23 57	1 20	2 0
17	0 44	13 40	13 11	0 50	22 35	22 39	0 41	23 55	23 53	1 21	2 1
19	1 9	12 43	12 15	0 44	22 42	22 44	0 43	23 51	23 49	1 21	2 1
21	1 35	11 49	11 23	0 39	22 46	22 47	0 44	23 46	23 44	1 22	2 2
23	2 1	10 58	10 35	0 33	22 48	22 48	0 45	23 41	23 38	1 23	2 3
25	2 27	10 12	9 52	0 28	22 47	22 45	0 46	23 35	23 31	1 23	2 5
27	2 54	9 33	9 15	0 23	22 43	22 41	0 47	23 28	23 24	1 24	2 7
29	3 19	9 0	8 N 46	0 17	22 37	22 N33	0 48	23 20	23 N 16	1 24	2 9
31	3 S44	8 N35		0 S 12	22 N28		0 N 49	23 N12		1 S 25	2 S11

FIRST QUARTER-July 1, 6h.43m. pm. (9°♎44′) & July31, 0h. 5m. pm. (8°♏ 5′)

FULL MOON-July 9, 4h. 1m. pm. (17°♑15′)

D M	☿ Long.	♀ Long.	♂ Long.	♃ Long.	♄ Long.	♅ Long.	♆ Long.	♇ Long.	☉	☿	♀	♂	♃	♄	♅	♆	♇
	° ′	° ′	° ′	° ′	° ′	° ′	° ′	° ′									
1	0♌49	8♊18	26♊42	27♓37	1♉55	11♒59	1♒22	5♐49	□		△				△	△	⚹
2	2 24	9 29	27 22	27 40	1 59	11R 57	1R 20	5R 48									∠
3	3 57	10 40	28 3	27 43	2 3	11 55	1 19	5 47		□	⚼	△		☍		□	⚺
4	5 28	11 52	28 44	27 46	2 8	11 53	1 17	5 46	△			⚼	⚼		□		
5	6 56	13 4	29♊24	27 48	2 12	11 51	1 16	5 45	⚼				△				
6	8 22	14 15	0♋5	27 51	2 16	11 49	1 14	5 43		△					⚹	⚹	☌
7	9 45	15 27	0 46	27 53	2 20	11 47	1 12	5 42		⚼	☍			⚼		∠	
8	11 7	16 39	1 26	27 55	2 23	11 45	1 11	5 41				☍	□	△	∠	⚺	⚺
9	12 26	17 50	2 7	27 56	2 27	11 43	1 9	5 40	☍						⚺		∠
10	13 42	19 2	2 47	27 58	2 31	11 41	1 8	5 39			⚼		⚹	□		☌	
11	14 56	20 14	3 27	27 59	2 34	11 39	1 6	5 38		☍		⚼	∠		☌		⚹
12	16 7	21 26	4 8	28 1	2 38	11 37	1 5	5 37			△		⚺	⚹		⚺	
13	17 16	22 38	4 48	28 2	2 41	11 34	1 3	5 36	⚼			△			⚺	∠	□
14	18 22	23 50	5 28	28 2	2 44	11 32	1 1	5 35	△		□		☌	∠	∠		
15	19 26	25 2	6 9	28 3	2 48	11 30	1 0	5 34		⚼		□		⚺	⚹	⚹	△
16	20 26	26 14	6 49	28 3	2 51	11 28	0 58	5 33	□	△	⚹		⚺				⚼
17	21 23	27 26	7 29	28 4	2 54	11 25	0 57	5 32			∠	⚹	∠	☌	□	□	
18	22 18	28 38	8 9	28R 4	2 57	11 23	0 55	5 31	⚹	□		∠					
19	23 9	29♊50	8 49	28 3	2 59	11 21	0 53	5 30			⚺	⚺	⚹	⚺	△	△	☍
20	23 56	1♋2	9 29	28 3	3 2	11 19	0 52	5 29	∠	⚹				∠		⚼	
21	24 41	2 15	10 9	28 2	3 5	11 16	0 50	5 28	⚺		☌		□	⚹	⚼		
22	25 21	3 27	10 49	28 2	3 7	11 14	0 49	5 28		∠		☌					⚼
23	25 58	4 39	11 29	28 1	3 10	11 12	0 47	5 27	☌	⚺	⚺		△	□		☍	△
24	26 31	5 52	12 9	28 0	3 12	11 9	0 45	5 26				⚺	⚼		☍		
25	26 59	7 4	12 49	27 58	3 14	11 7	0 44	5 25		☌	∠	∠					
26	27 24	8 17	13 28	27 57	3 16	11 5	0 42	5 25	⚺		⚹	⚹		△			□
27	27 44	9 29	14 8	27 55	3 18	11 2	0 40	5 24	∠					⚼	⚼	⚼	
28	27 59	10 42	14 48	27 53	3 20	11 0	0 39	5 23	⚹	⚺			☍			△	⚹
29	28 10	11 54	15 27	27 51	3 22	10 57	0 37	5 23		∠	□	□			△		
30	28 15	13 7	16 7	27 48	3 24	10 55	0 36	5 22		⚹						□	∠
31	28♌16	14♋20	16♋46	27♓46	3♉26	10♒53	0♒34	5♐22	□				⚼	☍	□		⚺

D M	Saturn Lat.	Saturn Dec.	Uranus Lat.	Uranus Dec.	Neptune Lat.	Neptune Dec.	Pluto Lat.	Pluto Dec.
	° ′	° ′	° ′	° ′	° ′	° ′	° ′	° ′
1	2S24	9N53	0S40	17S51	0N21	19S31	12N18	9S 9
3	2 24	9 56	0 40	17 52	0 21	19 31	12 18	9 9
5	2 25	9 58	0 40	17 53	0 21	19 32	12 17	9 9
7	2 25	10 0	0 40	17 54	0 21	19 33	12 16	9 10
9	2 26	10 3	0 41	17 55	0 21	19 33	12 16	9 10
11	2 26	10 5	0 41	17 56	0 21	19 34	12 15	9 10
13	2 26	10 6	0 41	17 58	0 21	19 35	12 14	9 11
15	2 27	10 8	0 41	17 59	0 21	19 35	12 13	9 11
17	2 27	10 10	0 41	18 0	0 21	19 36	12 13	9 12
19	2 28	10 11	0 41	18 1	0 21	19 37	12 12	9 12
21	2 28	10 13	0 41	18 3	0 21	19 38	12 11	9 13
23	2 29	10 14	0 41	18 4	0 21	19 38	12 10	9 13
25	2 29	10 15	0 41	18 5	0 21	19 39	12 9	9 14
27	2 30	10 16	0 41	18 7	0 21	19 40	12 8	9 15
29	2 31	10 17	0 41	18 8	0 21	19 41	12 7	9 15
31	2S31	10N17	0S41	18S 9	0N21	19S41	12N 7	9S16

Mutual Aspects

1 ☿☍♆. ♀⊥♄. ♂⚼♅.
2 ☿□♄. ♀Q♃. ♂□♃.
3 ☉±♇. ☿⊥♂. ☿P♀.
4 ☉∇♅. ☿△♇. ♀△♅.
5 ☿P♆.
6 ☉⚺♀. ☉Q♄.
8 ☿☍♅. ♀⚼♆. ♂∇♆.
9 ☿⚼♃. ♀∠♄. ☿P♅.
10 ♂⚹♄.
11 ☉P♀.
13 ☉⚼♇.
14 ♂±♅. ♂∇♇.
15 ♀±♆.
16 ♀⚼♅.
18 ☿±♃. ♀□♃. ♃Stat.
20 ☉△♃. ♀∇♆.
22 ♀⚹♄.
23 ☉☍♆. ♀±♅. ♂∇♅. ♂±♇.
24 ♀∇♇.
25 ☉P♆. ☿P♄.
26 ☉□♄.
28 ☉△♇. ☿∇♃. ♀∇♅. ☿P♇.
29 ♀±♇. ♂Q♄.
30 ☿∠♀.
31 ☉P♅. ☿Stat.

LAST QUARTER-July16, 3h.13m. pm. (23°♈53′)

| 16 | | | | | AUGUST | 1998 | | | [RAPHAEL'S |

D M	D W	Sidereal Time	☉ Long.	☉ Dec.	☽ Long.	☽ Lat.	☽ Dec.	☽ Node	Midnight ☽ Long.	☽ Dec.
		H. M. S.	° ′ ″	° ′	° ′ ″	° ′	° ′	° ′	° ′ ″	° ′
1	S	8 39 35	9♎ 2 39	18 N 0	20♍ 0 38	5 N 8	12 S 47	2♍ 28	26♍ 2 59	14 S 11
2	Su	8 43 31	10 0 3	17 44	2✗ 8 24	5 15	15 26	2 25	8✗ 17 22	16 32
3	M	8 47 28	10 57 27	17 29	14 30 20	5 7	17 27	2 22	20 47 42	18 10
4	T	8 51 25	11 54 53	17 13	27 9 47	4 44	18 40	2 19	3♑ 36 51	18 56
5	W	8 55 21	12 52 19	16 57	10♑ 9 2	4 7	18 57	2 16	16 46 24	18 42
6	Th	8 59 18	13 49 46	16 40	23 28 56	3 15	18 12	2 13	0≈ 16 30	17 25
7	F	9 3 14	14 47 14	16 24	7≈ 8 51	2 10	16 23	2 9	14 5 40	15 5
8	S	9 7 11	15 44 43	16 7	21 6 32	0 N57	13 34	2 6	28 10 59	11 49
9	Su	9 11 7	16 42 13	15 50	5✗18 28	0 S21	9 54	2 3	12✗ 28 24	7 49
10	M	9 15 4	17 39 44	15 32	19 40 11	1 39	5 37	2 0	26 53 11	3 S19
11	Tu	9 19 0	18 37 16	15 15	4♈ 6 49	2 51	0 S59	1 57	11♈ 20 30	1 N22
12	W	9 22 57	19 34 50	14 57	18 33 41	3 52	3 N42	1 54	25 45 54	5 57
13	Th	9 26 54	20 32 25	14 39	2♉ 56 40	4 38	8 8	1 50	10♉ 5 36	10 10
14	F	9 30 50	21 30 2	14 20	17 12 23	5 7	12 3	1 47	24 16 43	13 45
15	S	9 34 47	22 27 40	14 1	1♊18 23	5 17	15 15	1 44	8♊17 10	16 30
16	Su	9 38 43	23 25 20	13 43	15 12 54	5 8	17 31	1 41	22 5 29	18 16
17	M	9 42 40	24 23 1	13 24	28 54 47	4 41	18 45	1 38	5♋40 45	18 57
18	T	9 46 36	25 20 44	13 4	12♋23 17	4 0	18 53	1 34	19 2 22	18 33
19	W	9 50 33	26 18 29	12 45	25 37 58	3 6	17 58	1 31	2♌10 2	17 9
20	Th	9 54 29	27 16 15	12 25	8♌38 36	2 3	16 7	1 28	15 3 40	14 53
21	F	9 58 26	28 14 2	12 5	21 25 18	0 S55	13 29	1 25	27 43 33	11 56
22	S	10 2 23	29♎11 51	11 45	3♍58 30	0 N14	10 16	1 22	10♍10 19	8 30
23	Su	10 6 19	0♍ 9 41	11 25	16 19 8	1 22	6 39	1 19	22 25 9	4 45
24	M	10 10 16	1 7 32	11 4	28 28 37	2 24	2 N49	1 15	4♎29 48	0 N52
25	T	10 14 12	2 5 25	10 44	10♎29 2	3 20	1 S 5	1 12	16 26 39	3 S 0
26	W	10 18 9	3 3 20	10 23	22 23 4	4 7	4 54	1 9	28 18 41	6 44
27	Th	10 22 5	4 1 15	10 2	4♍13 59	4 42	8 30	1 6	10♍ 9 27	10 11
28	F	10 26 2	4 59 12	9 41	16 5 37	5 6	11 46	1 3	22 3 1	13 14
29	S	10 29 58	5 57 10	9 20	28 2 12	5 17	14 34	0 59	4✗ 3 45	15 46
30	Su	10 33 55	6 55 10	8 58	10✗ 8 13	5 14	16 48	0 56	16 16 10	17 39
31	M	10 37 51	7♍53 11	8 N37	22✗28 10	4 N56	18 S18	0♍53	28✗44 42	18 S44

D M	Mercury Lat.	Mercury Dec.		Venus Lat.	Venus Dec.		Mars Lat.	Mars Dec.		Jupiter Lat.	Jupiter Dec.
	° ′	° ′	° ′	° ′	° ′	° ′	° ′	° ′	° ′	° ′	° ′
1	3 S 55	8 N26	8 N 19	0 S 9	22 N23	22 N17	0 N 49	23 N 7	23 N 2	1 S 25	2 S 13
3	4 16	8 14	8 13	0 S 3	22 10	22 3	0 50	22 57	22 52	1 26	2 16
5	4 33	8 14	8 17	0 N 0	21 55	21 47	0 51	22 47	22 42	1 26	2 19
7	4 45	8 24	8 32	0 7	21 37	21 26	0 52	22 36	22 30	1 27	2 22
9	4 52	8 44	8 58	0 12	21 17	21 6	0 53	22 24	22 18	1 27	2 26
11	4 51	9 14	9 33	0 18	20 54	20 42	0 54	22 12	22 6	1 28	2 30
13	4 44	9 53	10 15	0 23	20 29	20 16	0 55	21 59	21 52	1 28	2 34
15	4 28	10 38	11 1	0 28	20 2	19 47	0 56	21 46	21 38	1 29	2 39
17	4 6	11 25	11 49	0 32	19 32	19 16	0 57	21 31	21 24	1 29	2 43
19	3 38	12 13	12 36	0 37	19 0	18 43	0 58	21 16	21 9	1 30	2 48
21	3 6	12 59	13 19	0 41	18 26	18 8	0 59	21 1	20 53	1 30	2 54
23	2 31	13 38	13 56	0 46	17 49	17 30	1 0	20 45	20 37	1 31	2 59
25	1 55	14 10	14 23	0 50	17 11	16 51	1 20	20 28	20 20	1 31	3 4
27	1 19	14 33	14 40	0 54	16 30	16 10	1 2	20 11	20 2	1 31	3 10
29	0 44	14 44	14 N45	0 58	15 48	15 N26	1 3	19 53	19 N44	1 32	3 16
31	0 S12	14 N43		1 N 1	15 N 4		1 N 4	19 N35		1 S 32	3 S 22

| EPHEMERIS] | | | | AUGUST | 1998 | | | | | | | | | | | 17 |

D	☿	♀	♂	♃	♄	♅	♆	♇	Lunar Aspects								
M	Long.	Long.	Long.	Long.	Long.	Long.	Long.	Long.	☉	☿	♀	♂	♃	♄	♅	♆	♇
1	28♋11	15♋32	17♋26	27♓43	3♉27	10≈50	0≈32	5♐21			△	△					
2	28R 1	16 45	18 5	27R 40	3 28	10R 48	0R 31	5R 21		□	⚹	⚹	△			⚹	♂
3	27 46	17 58	18 45	27 37	3 30	10 46	0 29	5 20	△					□	⚹	∠	
4	27 26	19 11	19 24	27 34	3 31	10 43	0 28	5 20	⚹	△			□	△	∠	∠	
5	27 1	20 24	20 3	27 30	3 32	10 41	0 26	5 20		⚹					∨		∨
6	26 31	21 37	20 43	27 27	3 33	10 38	0 24	5 19			♂	♂	⚹				∠
7	25 56	22 50	21 22	27 23	3 34	10 36	0 23	5 19					∠	□	♂	♂	⚹
8	25 18	24 3	22 1	27 19	3 35	10 34	0 21	5 19	♂	♂			∨				
9	24 36	25 16	22 40	27 15	3 36	10 31	0 20	5 18			⚹	⚹		⚹	∨	∨	□
10	23 51	26 29	23 19	27 10	3 36	10 29	0 18	5 18				△		∠	∠	∠	
11	23 3	27 42	23 58	27 6	3 37	10 26	0 17	5 18	□	□	△		●	∨	⚹	⚹	△
12	22 14	28♋55	24 37	27 1	3 37	10 24	0 15	5 18	△	△		□			∠		□
13	21 25	0♌ 8	25 16	26 56	3 37	10 22	0 14	5 18			□		∨	♂		□	
14	20 36	1 21	25 55	26 51	3 38	10 19	0 12	5 18	□	□			∠		□		♂
15	19 48	2 35	26 34	26 46	3 38	10 17	0 11	5 18			⚹	⚹	⚹	∨		△	♂
16	19 3	3 48	27 13	26 41	3R 38	10 15	0 9	5D 18		⚹	∠	∠		∠	△	□	
17	18 20	5 1	27 52	26 35	3 38	10 12	0 8	5 18	⚹	∠	∨	∨	□	⚹	□		
18	17 42	6 15	28 31	26 30	3 37	10 10	0 6	5 18	∠	∨							
19	17 9	7 28	29 10	26 24	3 37	10 8	0 5	5 18	∨			♂	△			♂	⚹
20	16 41	8 42	29♋48	26 18	3 37	10 6	0 3	5 18			♂		△	□	□	♂	△
21	16 20	9 55	0♌27	26 12	3 36	10 3	0 2	5 18		♂							□
22	16 6	11 9	1 6	26 6	3 35	10 1	0≈ 1	5 18	●			∨		△			□
23	15 58	12 23	1 44	25 59	3 35	9 59	29♑59	5 19	∨	∨	∠		□		♂		
24	15D 59	13 36	2 23	25 53	3 34	9 57	29 58	5 19	∨	∠	∠	⚹	♂		♂	△	⚹
25	16 7	14 50	3 1	25 46	3 33	9 55	29 57	5 19		⚹	⚹				△		
26	16 23	16 4	3 40	25 40	3 32	9 52	29 55	5 19	∠								∠
27	16 48	17 18	4 18	25 33	3 30	9 50	29 54	5 20	⚹			□		♂	□		∨
28	17 20	18 31	4 57	25 26	3 29	9 48	29 53	5 20		□	□		♂		△		
29	18 0	19 45	5 35	25 19	3 28	9 46	29 52	5 21					△			⚹	
30	18 48	20 59	6 13	25 12	3 26	9 44	29 50	5 21	□			△				∠	♂
31	19♌43	22♌13	6♌52	25♓ 4	3♉25	9≈42	29♑49	5♐22		△	△	⚹	□		⚹	∠	

D	Saturn		Uranus		Neptune		Pluto		Mutual Aspects
M	Lat.	Dec.	Lat.	Dec.	Lat.	Dec.	Lat.	Dec.	
1	2S31	10N18	0S41	18S10	0N21	19S42	12N 6	9S16	1 ♀Q h. 3 ☉♂♅.
3	2 32	10 18	0 41	18 11	0 21	19 42	12 5	9 17	4 ☿∇♃. ♀♂♂.
5	2 32	10 18	0 41	18 13	0 21	19 43	12 4	9 18	5 ☉□♃. ☿⊥♀. ♀□♇. ♂□♇. ♃⊥h.
7	2 33	10 18	0 41	18 14	0 21	19 44	12 3	9 19	6 ☿⊥♂'. 9 ☿∨♀.
9	2 33	10 18	0 41	18 15	0 21	19 44	12 2	9 20	10 ☿∨♂'.
									11 ♀△♃. ☿P♇.
11	2 34	10 18	0 41	18 17	0 21	19 45	12 1	9 20	13 ☉♂♂. ☉±♃. ♀♂♆.
13	2 34	10 18	0 41	18 18	0 21	19 46	12 1	9 21	14 ☿±♃. ☿P h.
15	2 35	10 18	0 41	18 19	0 21	19 46	12 0	9 22	15 ♂△♃. h Stat.
17	2 36	10 17	0 41	18 20	0 21	19 47	11 59	9 23	16 ♀□h. ♀P♆. ♇Stat.
19	2 36	10 16	0 41	18 22	0 21	19 48	11 58	9 24	17 ♀△♇. 19 ☉∇♃.
									20 ♂♂♆. ☉P☿.
21	2 37	10 16	0 41	18 23	0 21	19 48	11 57	9 25	21 ♀♂♅. ♀P♅.
23	2 37	10 15	0 41	18 24	0 21	19 49	11 56	9 26	22 ♀Q♃.
25	2 38	10 14	0 41	18 25	0 20	19 50	11 55	9 27	23 ☉∇♆. ☿Stat.
27	2 38	10 12	0 41	18 26	0 20	19 50	11 54	9 28	26 ☉△h. ☿♂♀. ♂□h. ☉P h.
29	2 39	10 11	0 41	18 27	0 20	19 51	11 53	9 29	28 ☉∨♀. ☉□♇.
31	2S39	10N 9	0S41	18S28	0N20	19S51	11N52	9S30	29 ☉±♆. ♀±♃. ♂△♇. ☉P♇. ♂P♆.
									30 ☿±♃.

18						SEPTEMBER		1998				[RAPHAEL'S	

D	D	Sidereal	☉	☉	☽	☽	☽	☽	Midnight	
M	W	Time	Long.	Dec.	Long.	Lat.	Dec.	Node	☽ Long.	☽ Dec.
		H. M. S.	° ′ ″	° ′	° ′ ″	° ′	° ′	° ′	° ′ ″	° ′
1	T	10 41 48	8♍51 13	8 N15	5♑ 6 17	4 N24	18 S 56	0 ♍ 50	11 ♑ 33 18	18 S 54
2	W	10 45 45	9 49 16	7 53	18 6 7	3 38	18 37	0 47	24 45 0	18 4
3	Th	10 49 41	10 47 22	7 31	1♒30 6	2 39	17 15	0 44	8 ♒ 21 27	16 10
4	F	10 53 38	11 45 28	7 9	15 18 58	1 28	14 50	0 40	22 22 25	13 16
5	S	10 57 34	12 43 36	6 47	29 31 25	0 N11	11 28	0 37	6 ✕ 45 27	9 29
6	Su	11 1 31	13 41 46	6 25	14 ✕ 3 50	1 S 9	7 20	0 34	21 25 46	5 3
7	M	11 5 27	14 39 57	6 2	28 50 23	2 26	2 S 41	0 31	6 ♈ 16 43	0 S 16
8	T	11 9 24	15 38 10	5 40	13♈43 45	3 33	2 N 9	0 28	21 10 28	4 N32
9	W	11 13 20	16 36 26	5 17	28 35 56	4 26	6 50	0 25	5 ♉ 59 13	9 1
10	Th	11 17 17	17 34 43	4 54	13 ♉ 19 33	5 0	11 4	0 21	20 36 13	12 55
11	F	11 21 14	18 33 2	4 32	27 48 41	5 15	14 33	0 18	4 ♊ 56 32	15 57
12	S	11 25 10	19 31 23	4 9	11 ♊ 59 30	5 10	17 6	0 15	18 57 24	17 59
13	Su	11 29 7	20 29 47	3 46	25 50 13	4 48	18 35	0 12	2 ♋ 37 59	18 55
14	M	11 33 3	21 28 13	3 23	9♋20 51	4 9	18 58	0 9	15 58 58	18 45
15	T	11 37 0	22 26 41	3 0	22 32 37	3 18	18 17	0 5	29 2 1	17 35
16	W	11 40 56	23 25 11	2 37	5♌27 28	2 18	16 40	0 ♍ 2	11 ♌ 49 14	15 33
17	Th	11 44 53	24 23 43	2 14	18 7 36	1 13	14 15	29 ♌ 59	24 22 49	12 47
18	F	11 48 49	25 22 17	1 50	0♍35 10	0 S 5	11 11	29 56	6 ♍ 44 52	9 29
19	S	11 52 46	26 20 53	1 27	12 52 9	1 N 2	7 41	29 53	18 57 14	5 49
20	Su	11 56 43	27 19 31	1 4	25 0 9	2 6	3 55	29 50	1 ♎ 1 36	1 N58
21	M	12 0 39	28 18 11	0 40	7♎ 1 18	3 3	0 N 1	29 46	12 59 36	1 S 56
22	T	12 4 36	29♍16 53	0 N17	18 56 45	3 51	3 S 51	29 43	24 52 59	5 43
23	W	12 8 32	0♎15 37	0 S 6	0 ♏ 48 33	4 30	7 32	29 40	6 ♏ 43 44	9 17
24	Th	12 12 29	1 14 23	0 30	12 38 52	4 56	10 56	29 37	18 34 16	12 28
25	F	12 16 25	2 13 10	0 53	24 30 21	5 10	13 53	29 34	0 ♐ 27 31	15 9
26	S	12 20 22	3 11 59	1 16	6♐26 13	5 11	16 17	29 31	12 26 56	17 14
27	Su	12 24 18	4 10 51	1 40	18 30 11	4 58	18 0	29 27	24 36 30	18 34
28	M	12 28 15	5 9 43	2 3	0♑46 26	4 31	18 55	29 24	7 ♑ 0 33	19 3
29	T	12 32 12	6 8 38	2 26	13 19 23	3 51	18 57	29 21	19 43 30	18 36
30	W	12 36 8	7♎ 7 34	2 S 50	26♑13 22	2 N58	18 S 0	29 ♌ 18	2 ♒ 49 28	17 S 8

D	Mercury		Venus		Mars		Jupiter	
M	Lat.	Dec.	Lat.	Dec.	Lat.	Dec.	Lat.	Dec.
	° ′	° ′	° ′	° ′	° ′	° ′	° ′	° ′
1	0 N 3	14 N38	1 N 3	14 N42	1 N 4	19 N26	1 S 32	3 S 25
3	0 30	14 17	1 6	13 55	1 5	19 7	1 33	3 31
5	0 54	13 43	1 9	13 7	1 6	18 47	1 33	3 37
7	1 13	12 57	1 12	12 18	1 7	18 27	1 33	3 44
9	1 28	11 59	1 15	11 27	1 8	18 7	1 33	3 50
1		14 N 29		14 N19		19 N 16		
3		14 1		13 31		18 57		
5		13 21		12 43		18 37		
7		12 29		11 52		18 17		
9		11 26		11 1		17 57		
11	1 39	10 51	1 17	10 35	1 9	17 46	1 33	3 57
13	1 45	9 35	1 19	9 41	1 10	17 25	1 34	4 3
15	1 49	8 13	1 21	8 47	1 11	17 3	1 34	4 9
17	1 49	6 46	1 22	7 51	1 11	16 41	1 34	4 16
19	1 46	5 15	1 24	6 55	1 12	16 19	1 34	4 22
11		10 14		10 8		17 36		
13		8 55		9 14		17 14		
15		7 30		8 19		16 52		
17		6 0		7 23		16 30		
19		4 28		6 26		16 8		
21	1 42	3 42	1 25	5 58	1 13	15 56	1 34	4 28
23	1 35	2 7	1 26	5 0	1 14	15 33	1 34	4 35
25	1 26	0 N33	1 26	4 1	1 15	15 10	1 34	4 41
27	1 16	1 S 2	1 26	3 2	1 16	14 46	1 34	4 47
29	1 5	2 35	1 26	2 3	1 17	14 22	1 34	4 53
31	0 N54	4 S 8	1 N 26	1 N 3	1 N 17	13 N58	1 S 33	4 S 58
21		2 55		5 29		15 45		
23		1 N 20		4 31		15 21		
25		0 S 15		3 32		14 58		
27		1 49		2 33		14 34		
29		3 S 22		1 N 33		14 N 10		

FULL MOON-Sep. 6,11h.21m. am. (13° ♓ 40′)

D M	☿ Long.	♀ Long.	♂ Long.	♃ Long.	♄ Long.	♅ Long.	♆ Long.	♇ Long.	☉	☿	♀	♂	♃	♄	♅	♆	♇
	° ′	° ′	° ′	° ′	° ′	° ′	° ′	° ′									
1	20♌45	23♌27	7♌30	24♓57	3♉23	9♒40	29♑48	5♐22	△	⚼	⚼			△	⚺	⚺	⚺
2	21 54	24 41	8 8	24R 50	3R 21	9R 38	29R 47	5 23									∠
3	23 9	25 55	8 46	24 42	3 19	9 36	29 46	5 23	⚼				⚹	□		☌	⚹
4	24 30	27 9	9 24	24 35	3 17	9 34	29 45	5 24				☍	∠		☌		
5	25 56	28 23	10 2	24 27	3 15	9 32	29 44	5 25		☍	☍		⚺	⚹		⚺	□
6	27 27	29♌37	10 40	24 19	3 13	9 30	29 42	5 25	☍					∠	⚺	∠	
7	29♌ 3	0♍51	11 18	24 12	3 11	9 29	29 41	5 26				⚼	●	⚺	∠	⚹	△
8	0♍42	2 5	11 56	24 4	3 9	9 27	29 40	5 27		⚼	⚼	△			⚹		⚼
9	2 24	3 20	12 34	23 56	3 6	9 25	29 39	5 28	⚼	△	△		⚺	☌		□	
10	4 10	4 34	13 12	23 48	3 4	9 23	29 38	5 28	△			□	∠		□		
11	5 57	5 48	13 50	23 40	3 1	9 22	29 38	5 29					⚹	⚺		△	
12	7 46	7 2	14 28	23 32	2 58	9 20	29 37	5 30		□	□	⚹		∠	△	⚼	☍
13	9 37	8 17	15 5	23 24	2 56	9 18	29 36	5 31	□			∠	□		⚼		
14	11 29	9 31	15 43	23 16	2 53	9 17	29 35	5 32		⚹	⚹			⚹			
15	13 21	10 46	16 21	23 8	2 50	9 15	29 34	5 33	⚹		∠	⚺	△				⚼
16	15 14	12 0	16 59	23 0	2 47	9 14	29 33	5 34	∠	∠			⚼	□	☍	☍	△
17	17 7	13 15	17 36	22 52	2 43	9 12	29 32	5 35		⚺	⚺	☌					
18	19 0	14 29	18 14	22 44	2 40	9 11	29 32	5 36	⚺					△			□
19	20 53	15 44	18 51	22 36	2 37	9 9	29 31	5 37			●			⚼		⚼	
20	22 45	16 58	19 29	22 28	2 34	9 8	29 30	5 38	☌	●		⚺	☍		⚼	△	
21	24 37	18 13	20 6	22 20	2 30	9 7	29 30	5 39				∠			△		⚹
22	26 28	19 27	20 44	22 13	2 27	9 6	29 29	5 41			⚺	⚹					∠
23	28♍18	20 42	21 21	22 5	2 23	9 4	29 28	5 42	⚺	⚺	∠			☍		□	⚺
24	0♎ 8	21 57	21 58	21 57	2 19	9 3	29 28	5 43	∠	∠			⚼		□		
25	1 57	23 11	22 35	21 49	2 15	9 2	29 27	5 44			⚹	□	△			⚹	
26	3 45	24 26	23 13	21 41	2 12	9 1	29 27	5 46	⚹	⚹					⚹		☌
27	5 32	25 41	23 50	21 34	2 8	9 0	29 26	5 47				△	□	⚼	∠	∠	
28	7 18	26 55	24 27	21 26	2 4	8 59	29 26	5 48	□		□			△		⚺	⚺
29	9 4	28 10	25 4	21 19	2 0	8 58	29 25	5 50		□		⚼			⚺		
30	10♎48	29♍25	25♌41	21♓11	1♉56	8♒57	29♑25	5♐51			△		⚹	□		☌	∠

D M	Saturn Lat.	Saturn Dec.	Uranus Lat.	Uranus Dec.	Neptune Lat.	Neptune Dec.	Pluto Lat.	Pluto Dec.
	° ′	° ′	° ′	° ′	° ′	° ′	° ′	° ′
1	2S39	10N 9	0S41	18S29	0N20	19S52	11N51	9S31
3	2 40	10 7	0 41	18 30	0 20	19 52	11 50	9 32
5	2 40	10 5	0 41	18 31	0 20	19 53	11 49	9 33
7	2 41	10 3	0 41	18 32	0 20	19 53	11 48	9 35
9	2 41	10 1	0 41	18 33	0 20	19 53	11 48	9 36
11	2 41	9 59	0 41	18 34	0 20	19 54	11 47	9 37
13	2 42	9 57	0 41	18 35	0 20	19 54	11 46	9 38
15	2 42	9 55	0 41	18 35	0 20	19 55	11 45	9 39
17	2 43	9 52	0 40	18 36	0 20	19 55	11 44	9 41
19	2 43	9 50	0 40	18 37	0 20	19 55	11 43	9 42
21	2 43	9 47	0 40	18 37	0 20	19 56	11 42	9 43
23	2 44	9 44	0 40	18 38	0 20	19 56	11 41	9 44
25	2 44	9 41	0 40	18 39	0 20	19 56	11 40	9 46
27	2 44	9 38	0 40	18 39	0 20	19 57	11 39	9 47
29	2 45	9 35	0 40	18 40	0 20	19 57	11 39	9 48
31	2S45	9N32	0S40	18S40	0N20	19S57	11N38	9S49

Mutual Aspects

1 ☿ P ♀.
2 ☉⚻♅. ♀⚻♃.
4 ☿⚻♃. ♂⚼♃. ♂☍♅. ♃∠♅.
6 ♀⚻♆.
7 ☉⚼♆. ☿⚻♆. ♂ P ♅.
8 ☉±♅.
9 ☿△♄. ♀△♄.
10 ☉⚼♄.
11 ☿☌♀. ☿±♆. ☿□♇. ♀±♆. ♀□♇.
12 ☉ P ♃. ☿ P ♄. ♀ P ♄.
13 ☿⚻♅. ☿ P ♀. ☿ P ♇. ♀ P ♇.
14 ♀⚻♅. 15 ☉⊥♂.
16 ☉☍♃. ☉Q♇. ☿±♅. ☿⚼♆. ♂±♃.
17 ☉⚼♅. ☿⚺♂. ☿⚼♄.
18 ♀⚼♆.
19 ☉±♄. ♀±♅.
20 ☿☍♃. ☿Q♇. ♀⚼♄. ☿ P ♃.
21 ☿⚼♅.
22 ☉△♆. ☿⊥♂. ☿±♄.
23 ♄ P ♇.
24 ☿△♆. ♀⚺♂. ♀☍♃. ♂⚻♃. ♀ P ♃.
25 ☉☌☿. ☉⚻♄. ☿⚻♄. ♀Q♇. ☉ P ☿.
26 ♀⚼♅.
27 ☿⚹♇. ♀±♄.
29 ☉⚹♇. ☿△♅. ☉ P ☿. ☉ P ♀. ☿ P ♀.
30 ☿∠♂. ♀△♆.

LAST QUARTER-Sep.13, 1h.58m. am. (20° ♊ 5′)

20					OCTOBER		1998				[RAPHAEL'S	
D	D	Sidereal	☉	☉	☽	☽	☽	☽	☽		Midnight	
M	W	Time	Long.	Dec.	Long.	Lat.	Dec.	Node		☽ Long.	☽ Dec.	

D	D	Sidereal	☉		☉		☽		☽	☽		☽		Midnight			
M	W	Time	Long.		Dec.		Long.		Lat.	Dec.		Node		☽ Long.		☽ Dec.	
		H. M. S.	°	″	°	′	°	′	″	°	′		°	′	°	′	°	′
1	Th	12 40 5	8♎ 6 32	3 S 13	9≈≈32 9	1 N54	16 S 2	29♌15	16≈≈21 42	14 S 41
2	F	12 44 1	9 5 32	3 36	23 18 16	0 N42	13 6	29 11	0 ♓ 21 52	11 18
3	S	12 47 58	10 4 34	3 59	7♓32 18	0 S 36	9 18	29 8	14 49 13	7 8
4	Su	12 51 54	11 3 37	4 23	22 12 2	1 53	4 S 49	29 5	29 40 0	2 S 25
5	M	12 55 51	12 2 42	4 46	7♈12 9	3 4	0 N 3	29 2	14♈47 21	2 N31
6	T	12 59 47	13 1 50	5 9	22 24 20	4 3	4 58	28 59	0 ♉ 1 48	7 20
7	W	13 3 44	14 0 59	5 32	7♉38 21	4 44	9 34	28 56	15 12 43	11 39
8	Th	13 7 41	15 0 11	5 55	22 43 41	5 6	13 31	28 52	0 ♊ 10 11	15 9
9	F	13 11 37	15 59 24	6 17	7♊31 21	5 6	16 32	28 49	14 46 29	17 37
10	S	13 15 34	16 58 41	6 40	21 55 9	4 47	18 25	28 46	28 57 5	18 55
11	Su	13 19 30	17 57 59	7 3	5♋52 13	4 12	19 7	28 43	12♋40 37	19 2
12	M	13 23 27	18 57 20	7 25	19 22 32	3 23	18 41	28 40	25 58 17	18 5
13	T	13 27 23	19 56 43	7 48	2♌28 17	2 25	17 15	28 37	8♌53 0	16 13
14	W	13 31 20	20 56 9	8 10	15 12 55	1 21	14 59	28 33	21 28 34	13 35
15	Th	13 35 16	21 55 37	8 32	27 40 27	0 S 15	12 3	28 30	3♍49 3	10 24
16	F	13 39 13	22 55 7	8 55	9♍54 49	0 N51	8 38	28 27	15 58 12	6 48
17	S	13 43 10	23 54 39	9 17	21 59 35	1 53	4 55	28 24	27 59 20	2 N59
18	Su	13 47 6	24 54 13	9 39	3♎57 46	2 50	1 N 2	28 21	9♎55 9	0 S 56
19	M	13 51 3	25 53 49	10 0	15 51 46	3 39	2 S 53	28 17	21 47 49	4 47
20	T	13 54 59	26 53 28	10 22	27 43 31	4 18	6 39	28 14	3♏39 2	8 27
21	W	13 58 56	27 53 8	10 43	9♏34 35	4 45	10 28	28 11	15 30 19	11 47
22	Th	14 2 52	28 52 51	11 5	21 26 28	5 0	13 17	28 8	27 23 12	14 39
23	F	14 6 49	29♎52 35	11 26	3♐20 46	5 3	15 52	28 5	9♐19 27	16 55
24	S	14 10 45	0♏52 22	11 47	15 19 31	4 52	17 48	28 2	21 21 19	18 29
25	Su	14 14 42	1 52 10	12 7	27 25 14	4 28	18 57	27 58	3♑31 41	19 13
26	M	14 18 39	2 51 59	12 28	9♑41 6	3 51	19 15	27 55	15 54 0	19 3
27	T	14 22 35	3 51 51	12 48	22 10 52	3 18	18 36	27 52	28 32 14	17 56
28	W	14 26 32	4 51 44	13 8	4≈≈58 39	2 4	17 1	27 49	11≈≈30 38	15 52
29	Th	14 30 28	5 51 39	13 28	18 8 39	0 N57	14 29	27 46	24 53 9	12 53
30	F	14 34 25	6 51 35	13 48	1♓44 29	0 S 15	11 5	27 43	8♓42 52	9 6
31	S	14 38 21	7♏51 33	14 S 8	15♓48 23	1 S 28	6 S 57	27♌39	23♓ 0 56	4 S 40

D	Mercury			Venus			Mars			Jupiter		
M	Lat.	Dec.		Lat.	Dec.		Lat.	Dec.		Lat.	Dec.	
	° ′	° ′		° ′	° ′		° ′	° ′		° ′	° ′	
1	0 N54	4 S 8		1 N 26	1 N 3		1 N 17	13 N58		1 S 33	4 S 58	
3	0 41	5 38	4 S 53	1 25	0 N 3	0 N33	1 18	13 33	13 N 45	1 33	5 4	
5	0 28	7 7	6 23	1 25	0 S 57	0 S 27	1 19	13 8	13 21	1 33	5 9	
7	0 14	8 34	7 51	1 24	1 57	1 27	1 20	12 43	12 56	1 33	5 14	
9	0 N 1	9 58	9 16	1 22	2 57	2 27	1 21	12 18	12 31	1 33	5 19	
			10 40			3 27			12 5			
11	0 S 13	11 20	12 0	1 21	3 57	4 27	1 22	11 53	11 40	1 32	5 24	
13	0 27	12 39	13 18	1 19	4 57	5 26	1 22	11 27	11 14	1 32	5 28	
15	0 41	13 56	14 33	1 17	5 56	6 25	1 23	11 1	10 48	1 32	5 33	
17	0 55	15 9	15 44	1 15	6 55	7 24	1 24	10 35	10 22	1 32	5 36	
19	1 8	16 19	16 53	1 12	7 53	8 22	1 25	10 9	9 56	1 31	5 40	
21	1 21	17 26	17 58	1 9	8 50	9 19	1 26	9 43	9 30	1 31	5 43	
23	1 34	18 29	18 59	1 6	9 47	10 15	1 27	9 16	9 3	1 30	5 47	
25	1 46	19 28	19 57	1 3	10 43	11 11	1 27	8 50	8 37	1 30	5 49	
27	1 57	20 24	20 50	1 0	11 38	12 5	1 28	8 23	8 10	1 30	5 52	
29	2 8	21 15	21 S 40	0 57	12 32	12 S 58	1 29	7 57	7 N 43	1 29	5 54	
31	2 S 17	22 S 3		0 N 53	13 S 24		1 N 30	7 N30		1 S 29	5 S 56	

FIRST QUARTER-Oct.28,11h.46m. am. (4°≈≈51′)

FULL MOON-Oct. 5, 8h.12m. pm. (12°♈23′)

D M	☿ Long.	♀ Long.	♂ Long.	♃ Long.	♄ Long.	♅ Long.	♆ Long.	♇ Long.
	° ′	° ′	° ′	° ′	° ′	° ′	° ′	° ′
1	12♎32	0♎40	26♌18	21♓ 4	1♉52	8♒56	29♑25	5♐53
2	14 15	1 55	26 55	20R 57	1R 47	8R 55	29R 24	5 54
3	15 56	3 9	27 32	20 50	1 43	8 54	29 24	5 56
4	17 37	4 24	28 9	20 43	1 39	8 54	29 24	5 57
5	19 17	5 39	28 46	20 36	1 35	8 53	29 24	5 59
6	20 57	6 54	29 23	20 29	1 30	8 52	29 23	6 0
7	22 35	8 9	29♌59	20 22	1 26	8 52	29 23	6 2
8	24 13	9 24	0♍36	20 16	1 21	8 51	29 23	6 4
9	25 50	10 39	1 13	20 9	1 17	8 51	29 23	6 5
10	27 26	11 54	1 49	20 3	1 12	8 50	29 23	6 7
11	29♎ 2	13 9	2 26	19 57	1 8	8 50	29 23	6 9
12	0♏36	14 24	3 2	19 51	1 3	8 50	29D 23	6 10
13	2 11	15 39	3 39	19 45	0 58	8 49	29 23	6 12
14	3 44	16 54	4 15	19 39	0 54	8 49	29 23	6 14
15	5 17	18 9	4 52	19 33	0 49	8 49	29 23	6 16
16	6 49	19 24	5 28	19 28	0 44	8 49	29 23	6 18
17	8 20	20 39	6 4	19 23	0 40	8 49	29 24	6 19
18	9 51	21 54	6 41	19 18	0 35	8 49	29 24	6 21
19	11 21	23 9	7 17	19 13	0 30	8D 49	29 24	6 23
20	12 50	24 25	7 53	19 8	0 25	8 49	29 24	6 25
21	14 19	25 40	8 29	19 3	0 21	8 49	29 25	6 27
22	15 47	26 55	9 5	18 59	0 16	8 49	29 25	6 29
23	17 14	28 10	9 41	18 54	0 11	8 49	29 25	6 31
24	18 41	29♎25	10 17	18 50	0 6	8 49	29 26	6 33
25	20 7	0♏40	10 53	18 46	0♉ 1	8 50	29 26	6 35
26	21 33	1 56	11 29	18 43	29♈57	8 50	29 27	6 37
27	22 57	3 11	12 4	18 39	29 52	8 50	29 27	6 39
28	24 21	4 26	12 40	18 36	29 47	8 51	29 28	6 41
29	25 44	5 41	13 16	18 33	29 42	8 51	29 28	6 43
30	27 6	6 56	13 51	18 30	29 37	8 52	29 29	6 45
31	28♏27	8♏12	14♍27	18♓27	29♈33	8♒53	29♑30	6♐47

Lunar Aspects

D M	☉	☿	♀	♂	♃	♄	♅	♆	♇
1	△	△	⚼		∠		☌		✱
2	⚼	⚼		☍	⚺			⚺	
3						✱	⚺	∠	◻
4					●	∠	∠	✱	
5	☍		☍	⚼		⚺	✱		△
6		☍		△	⚺			◻	⚼
7					∠	☌	◻		
8			⚼		✱			△	
9	⚼	⚼	△	◻		⚺	△	⚼	☍
10	△	△			◻	∠	⚼		
11				✱		✱			
12	◻		◻	∠	△				⚼
13		◻		⚺	⚼	◻	☍	☍	△
14	✱		✱						
15			∠			△			
16	∠	✱		●		⚼		⚼	◻
17	⚺	∠	⚺		☍		⚼		
18				⚺			△	△	✱
19		⚺							∠
20	☌		☌	∠		☍		◻	
21		☌		✱	⚼		◻		⚺
22					△				
23	⚺		⚺				✱	✱	☌
24	∠	⚺	∠	◻	◻	⚼		∠	
25	✱		✱			△	∠	⚺	
26		∠		△			⚺		⚺
27		✱		⚼	✱				∠
28	◻		◻		∠	◻	☌	☌	✱
29					⚺				
30	△	◻	△			✱		⚺	◻
31				☍	●	∠	⚺	∠	

D M	Saturn Lat.	Saturn Dec.	Uranus Lat.	Uranus Dec.	Neptune Lat.	Neptune Dec.	Pluto Lat.	Pluto Dec.
	° ′	° ′	° ′	° ′	° ′	° ′	° ′	° ′
1	2S45	9N32	0S40	18S40	0N20	19S57	11N38	9S49
3	2 45	9 29	0 40	18 40	0 20	19 57	11 37	9 51
5	2 45	9 26	0 40	18 41	0 20	19 57	11 36	9 52
7	2 45	9 23	0 40	18 41	0 20	19 57	11 35	9 53
9	2 46	9 20	0 40	18 41	0 20	19 58	11 35	9 55
11	2 46	9 17	0 40	18 41	0 20	19 58	11 34	9 56
13	2 46	9 13	0 40	18 42	0 19	19 58	11 33	9 57
15	2 46	9 10	0 40	18 42	0 19	19 58	11 32	9 58
17	2 46	9 7	0 40	18 42	0 19	19 58	11 32	10 0
19	2 46	9 3	0 40	18 42	0 19	19 58	11 31	10 1
21	2 46	9 0	0 40	18 41	0 19	19 57	11 30	10 2
23	2 46	8 57	0 40	18 41	0 19	19 57	11 30	10 3
25	2 46	8 53	0 39	18 41	0 19	19 57	11 29	10 5
27	2 46	8 50	0 39	18 41	0 19	19 57	11 29	10 6
29	2 46	8 47	0 39	18 41	0 19	19 57	11 28	10 7
31	2S46	8N44	0S39	18S40	0N19	19S57	11N28	10S 8

Mutual Aspects

2 ☉△♅. ♀▽♄. ☿P♃.
4 ♀⊥♂. 5 ♀✱♇.
6 ☿▽♃. ☿∠♇. ♂▽♆. ☉P♃.
8 ♀△♅. ☿P♄.
9 ☿±♃. ♂△♄. ☿P♇.
10 ☉∠♂.
11 ☿◻♆. ♆Stat.
12 ☿☍♄. ☿⊥♇. ☿P♂.
13 ☉▽♃.
14 ☉∠♇. ♀P♃.
15 ☿✱♂. ☿⚼♃.
16 ☿⚺♇. ♀▽♃. ♂±♆.
17 ☿◻♅. ♂◻♇. ☉P♄.
18 ☉±♃. ♀∠♂. ♀∠♇. ♅Stat.
19 ☉P♂. ☉P♇.
20 ♄±♇. ♂P♇.
21 ♀±♃. ♀P♄.
22 ♂▽♅. ♀P♂.
23 ☉☍♄. ☉◻♆. ☿Q♆. ☿P♅.
24 ☉⊥♇. ☿△♃. ♀◻♆. ♀P♇.
25 ♀☍♄. ♀⊥♇. ♂P♄.
26 ☿P♆.
27 ☉⚼♃. ♀⚼♃.
28 ☿Q♂.
30 ☉☌♀. ☉⚺♇. ☿Q♅. ♀⚺♇.
31 ♂⚼♄. ♂⚼♆.

LAST QUARTER-Oct.12,11h.11m. am. (18°♋55′)

| 22 | | | NOVEMBER | 1998 | | | | | | [RAPHAEL'S |

D M	D W	Sidereal Time	☉ Long.	☉ Dec.	☽ Long.	☽ Lat.	☽ Dec.	Node	Midnight ☽ Long.	☽ Dec.
		H. M. S.	° ′ ″	° ′	° ′ ″	° ′	° ′	° ′	° ′ ″	° ′
1	Su	14 42 18	8 ♏ 51 33	14 S 27	0 ♈ 20 13	2 S 38	2 S 17	27 ♌ 36	7 ♈ 45 42	0 N10
2	M	14 46 14	9 51 34	14 46	15 16 38	3 40	2 N38	27 33	22 52 1	5 6
3	T	14 50 11	10 51 37	15 5	0 ♉ 30 39	4 26	7 29	27 30	8 ♉ 11 11	9 46
4	W	14 54 8	11 51 42	15 24	15 52 7	4 54	11 53	27 27	23 31 59	13 48
5	Th	14 58 4	12 51 48	15 42	1 ♊ 9 17	5 1	15 29	27 23	8 ♊ 42 41	16 52
6	F	15 2 1	13 51 57	16 0	16 10 58	4 47	17 58	27 20	23 33 9	18 45
7	S	15 5 57	14 52 7	16 18	0 ♋ 48 30	4 14	19 12	27 17	7 ♋ 56 31	19 21
8	Su	15 9 54	15 52 20	16 35	14 56 55	3 26	19 11	27 14	21 49 41	18 44
9	M	15 13 50	16 52 35	16 53	28 34 56	2 28	18 1	27 11	5 ♌ 12 59	17 5
10	T	15 17 47	17 52 51	17 10	11 ♌ 44 16	1 24	15 55	27 8	18 9 18	14 35
11	W	15 21 43	18 53 10	17 26	24 28 40	0 S 18	13 5	27 4	0 ♍ 42 59	11 27
12	Th	15 25 40	19 53 31	17 43	6 ♍ 52 54	0 N48	9 44	27 1	12 59 2	7 54
13	F	15 29 37	20 53 53	17 59	19 2 1	1 50	6 1	26 58	25 2 26	4 5
14	S	15 33 33	21 54 17	18 14	1 ♎ 0 51	2 46	2 N 8	26 55	6 ♎ 57 46	0 N10
15	Su	15 37 30	22 54 44	18 30	12 53 40	3 34	1 S48	26 52	18 48 56	3 S45
16	M	15 41 26	23 55 11	18 45	24 43 58	4 13	5 39	26 48	0 ♏ 39 3	7 31
17	T	15 45 23	24 55 41	19 0	6 ♏ 34 29	4 40	9 18	26 45	12 30 29	10 59
18	W	15 49 19	25 56 13	19 14	18 27 14	4 56	12 34	26 42	24 24 55	14 2
19	Th	15 53 16	26 56 46	19 28	0 ♐ 23 40	4 59	15 22	26 39	6 ♐ 23 36	16 32
20	F	15 57 12	27 57 20	19 42	12 24 52	4 48	17 31	26 36	18 27 36	18 19
21	S	16 1 9	28 57 56	19 56	24 31 57	4 24	18 55	26 33	0 ♑ 38 4	19 18
22	Su	16 5 6	29 ♏ 58 34	20 9	6 ♑ 46 11	3 48	19 28	26 29	12 56 30	19 24
23	M	16 9 2	0 ♐ 59 12	20 21	19 9 21	3 1	19 5	26 26	25 25 0	18 32
24	T	16 12 59	1 59 52	20 34	1 ♒ 43 49	2 4	17 46	26 23	8 ♒ 6 13	16 45
25	W	16 16 55	3 0 33	20 45	14 32 36	1 N 0	15 31	26 20	21 3 23	14 5
26	Th	16 20 52	4 1 15	20 57	27 39 1	0 S 9	12 26	26 17	4 ♓ 19 54	10 37
27	F	16 24 48	5 1 58	21 8	11 ♓ 6 25	1 20	8 38	26 14	17 58 52	6 30
28	S	16 28 45	6 2 42	21 19	24 57 27	2 27	4 S15	26 10	2 ♈ 2 16	1 S 55
29	Su	16 32 41	7 3 27	21 29	9 ♈ 13 14	3 28	0 N28	26 7	16 30 6	2 N53
30	M	16 36 38	8 ♐ 4 13	21 S 39	23 ♈ 52 24	4 S16	5 N17	26 ♌ 4	1 ♉ 19 28	7 N38

D M	Mercury Lat.	Mercury Dec.		Venus Lat.	Venus Dec.		Mars Lat.	Mars Dec.		Jupiter Lat.	Jupiter Dec.
	° ′	° ′	° ′	° ′	° ′	° ′	° ′	° ′	° ′	° ′	° ′
1	2 S 22	22 S 24	22 S 45	0 N 51	13 S 50	14 S 15	1 N 30	7 N17	7 N 3	1 S 29	5 S 57
3	2 29	23 5	23 23	0 47	14 40	15 5	1 31	6 50	6 37	1 28	5 58
5	2 36	23 40	23 56	0 43	15 30	15 53	1 32	6 23	6 10	1 28	5 59
7	2 40	24 10	24 23	0 39	16 17	16 40	1 33	5 56	5 43	1 27	6 0
9	2 43	24 34	24 44	0 35	17 3	17 25	1 33	5 30	5 16	1 27	6 0
11	2 41	25 0	25 5	0 30	17 47	18 8	1 34	5 3	4 50	1 26	6 0
13	2 41	25 9	25 11	0 26	18 29	18 49	1 35	4 36	4 23	1 26	6 0
15	2 35	25 11	25 9	0 21	19 9	19 29	1 36	4 10	3 56	1 25	5 59
17	2 25	25 5	24 53	0 16	19 47	20 5	1 37	3 43	3 30	1 25	5 58
19	2 10	24 59	24 51	0 12	20 23	20 40	1 37	3 16	3 3	1 24	5 57
21	1 50	24 41	24 28	0 7	20 56	21 12	1 38	2 50	2 37	1 24	5 55
23	1 24	24 13	23 56	0 N 1	21 27	21 42	1 39	2 24	2 10	1 23	5 53
25	0 52	23 35	23 12	0 S 3	21 56	22 9	1 40	1 57	1 44	1 23	5 51
27	0 S 15	22 47	22 19	0 8	22 22	22 34	1 40	1 31	1 18	1 22	5 49
29	0 N25	21 49	21 S 18	0 12	22 45	22 S 56	1 41	1 5	0 N 52	1 22	5 46
31	1 N 6	20 S 47		0 S 17	23 S 6		1 N 42	0 N39		1 S 21	5 S 43

FULL MOON-Nov. 4, 5h.18m. am. (11° ♉ 35′)

D M	☿ Long.	♀ Long.	♂ Long.	♃ Long.	♄ Long.	♅ Long.	♆ Long.	♇ Long.	☉	☿	♀	♂	♃	♄	♅	♆	♇
	° ′	° ′	° ′	° ′	° ′	° ′	° ′	° ′									
1	29♏47	9♏27	15♍ 2	18♓25	29♈28	8♒53	29♑30	6♐49	⚼	△	⚼			⊻	∠	✱	△
2	1♐ 5	10 42	15 38	18R 22	29R 23	8 54	29 31	6 52		⚼			⊻		✱		⚼
3	2 23	11 57	16 13	18 20	29 19	8 55	29 32	6 54				⚼	∠	☌		□	
4	3 39	13 13	16 48	18 18	29 14	8 56	29 33	6 56	☍		☍	△	✱		□		
5	4 54	14 28	17 24	18 16	29 9	8 57	29 33	6 58		☍				⊻		△	☍
6	6 7	15 43	17 59	18 15	29 5	8 57	29 34	7 0				□	□	∠	△	⚼	
7	7 18	16 58	18 34	18 13	29 0	8 58	29 35	7 2	⚼		⚼			✱	⚼		
8	8 28	18 14	19 9	18 12	28 56	8 59	29 36	7 5	△		△	✱	△				
9	9 35	19 29	19 44	18 11	28 51	9 1	29 37	7 7		⚼		∠	⚼	□		☍	⚼
10	10 39	20 44	20 19	18 11	28 47	9 2	29 38	7 9		△					☍		△
11	11 41	22 0	20 54	18 10	28 43	9 3	29 39	7 11	□		□	⊻		△			
12	12 39	23 15	21 29	18 10	28 38	9 4	29 40	7 14									□
13	13 34	24 30	22 4	18 10	28 34	9 5	29 41	7 16	✱	□		●	☍	⚼	⚼	⚼	
14	14 24	25 45	22 38	18D 10	28 30	9 7	29 42	7 18			✱					△	
15	15 10	27 1	23 13	18 10	28 26	9 8	29 43	7 20	∠	✱	∠				△		✱
16	15 51	28 16	23 47	18 11	28 22	9 9	29 45	7 23	⊻		⊻	⊻		☍		□	∠
17	16 26	29♏31	24 22	18 11	28 18	9 11	29 46	7 25		∠		∠	⚼		□		⊻
18	16 54	0♐47	24 56	18 12	28 14	9 12	29 47	7 27		⊻			△				
19	17 16	2 2	25 31	18 13	28 10	9 14	29 48	7 30	☌		☌	✱				✱	
20	17 29	3 17	26 5	18 15	28 6	9 16	29 49	7 32		☌			□	⚼	✱	∠	☌
21	17R 33	4 33	26 39	18 16	28 2	9 17	29 51	7 34	⊻			□		△	∠	⊻	
22	17 28	5 48	27 13	18 18	27 58	9 19	29 52	7 37			⊻				⊻		⊻
23	17 13	7 3	27 47	18 20	27 55	9 21	29 53	7 39	∠	⊻	∠		✱				∠
24	16 48	8 19	28 21	18 22	27 51	9 22	29 55	7 41	✱	∠		△	∠	□		☌	✱
25	16 11	9 34	28 55	18 24	27 48	9 24	29 56	7 44		✱	✱	⚼	⊻		☌		
26	15 24	10 49	29♍29	18 27	27 44	9 26	29 58	7 46						✱		⊻	
27	14 27	12 5	0♎ 3	18 30	27 41	9 28	29♑59	7 48	□	□	□			∠	⊻	∠	□
28	13 21	13 20	0 36	18 33	27 38	9 30	0♒ 1	7 51				☍	●	⊻	∠	✱	
29	12 7	14 36	1 10	18 36	27 35	9 32	0 2	7 53	△	△	△				✱		△
30	10♐48	15♐51	1♎43	18♓39	27♈32	9♒34	0♒ 4	7♐55	⚼	⚼			⊻	☌		□	⚼

D M	Saturn Lat.	Saturn Dec.	Uranus Lat.	Uranus Dec.	Neptune Lat.	Neptune Dec.	Pluto Lat.	Pluto Dec.
	° ′	° ′	° ′	° ′	° ′	° ′	° ′	° ′
1	2S46	8N42	0S39	18S40	0N19	19S56	11N27	10S 9
3	2 45	8 39	0 39	18 39	0 19	19 56	11 27	10 10
5	2 45	8 36	0 39	18 39	0 19	19 56	11 26	10 11
7	2 45	8 33	0 39	18 38	0 19	19 56	11 26	10 12
9	2 45	8 30	0 39	18 38	0 19	19 55	11 25	10 13
11	2 45	8 27	0 39	18 37	0 19	19 55	11 25	10 14
13	2 44	8 24	0 39	18 36	0 19	19 54	11 25	10 15
15	2 44	8 22	0 39	18 36	0 19	19 54	11 24	10 17
17	2 44	8 19	0 39	18 35	0 19	19 54	11 24	10 18
19	2 43	8 17	0 39	18 34	0 19	19 53	11 24	10 19
21	2 43	8 14	0 39	18 33	0 19	19 53	11 23	10 20
23	2 43	8 12	0 39	18 32	0 19	19 52	11 23	10 21
25	2 42	8 10	0 39	18 31	0 19	19 52	11 23	10 21
27	2 42	8 8	0 39	18 30	0 19	19 51	11 23	10 22
29	2 41	8 6	0 38	18 29	0 19	19 50	11 22	10 23
31	2S41	8N 4	0S38	18S28	0N18	19S50	11N22	10S24

Mutual Aspects

1 ☉□♅. ☿⊽♄. ☿✱♆. ♀□♅. ♂±♅. ♄□♆.
5 ☿±♄. 6 ♂☍♃.
7 ☿☌♇. ♀Q♆. ☉P♀. ♂P♃.
8 ☿✱♅. ♀△♃.
9 ♀✱♂.
10 ☉△♃. ☉Q♆.
13 ☿⚼♄. ♀P♅. ♃Stat.
14 ☿∠♆. ♂±♄.
15 ♀Q♅. ☉P♅.
16 ☉✱♂. ♀⊽♄.
17 ♀✱♆. ♂⚼♅. ♀P♆.
19 ☉Q♅. ♂Q♇.
20 ☉⊽♄.
21 ♀±♄. ☉P♆. ☿Stat.
22 ☉✱♆.
23 ♀☌♇. ♂⊽♄.
25 ♀✱♅.
26 ☉±♄. ☿∠♆.
27 ♀Q♂. ♀⚼♄. ♂△♆.
28 ☿☌♀. ☿Q♂. ☿P♀.
29 ☿⚼♄. ♀∠♆. ☉P☿.
30 ☉☌♇.

LAST QUARTER-Nov.11, 0h.28m. am. (18° ♌ 24′)

| 24 | | | | DECEMBER | 1998 | | | | [RAPHAEL'S | |

D	D	Sidereal	☉	☉	☽	☽	☽	☽	Midnight	
M	W	Time	Long.	Dec.	Long.	Lat.	Dec.	Node	☽ Long.	☽ Dec.
		H. M. S.	° ′ ″	° ′	° ′ ″	° ′	° ′	° ′	° ′ ″	° ′
1	T	16 40 35	9 ✓ 5 0	21 S 49	8 ♉ 50 26	4 S 48	9 N 53	26 ♌ 1	16 ♉ 24 12	11 N 59
2	W	16 44 31	10 5 48	21 58	23 59 34	5 1	13 54	25 58	1 ♊ 35 11	15 35
3	Th	16 48 28	11 6 37	22 6	9 ♊ 9 41	4 52	17 0	25 54	16 41 43	18 7
4	F	16 52 24	12 7 27	22 15	24 10 0	4 23	18 55	25 51	1 ♋ 33 25	19 23
5	S	16 56 21	13 8 19	22 22	8 ♋ 51 1	3 38	19 31	25 48	16 2 3	19 20
6	Su	17 0 17	14 9 11	22 30	23 6 3	2 39	18 51	25 45	0 ♌ 2 41	18 4
7	M	17 4 14	15 10 5	22 37	6 ♌ 51 55	1 33	17 3	25 42	13 33 50	15 49
8	T	17 8 10	16 11 0	22 43	20 8 42	0 S 24	14 23	25 39	26 36 55	12 48
9	W	17 12 7	17 11 56	22 49	2 ♍ 58 59	0 N 44	11 6	25 35	9 ♍ 15 29	9 17
10	Th	17 16 4	18 12 54	22 55	15 27 2	1 48	7 24	25 32	21 34 17	5 27
11	F	17 20 0	19 13 52	23 0	27 37 55	2 46	3 N 29	25 29	3 ♎ 38 34	1 N 29
12	S	17 23 57	20 14 52	23 5	9 ♎ 36 54	3 35	0 S 30	25 26	15 33 33	2 S 29
13	Su	17 27 53	21 15 52	23 9	21 29 5	4 15	4 26	25 23	27 24 4	6 20
14	M	17 31 50	22 16 54	23 13	3 ♏ 18 59	4 43	8 10	25 20	9 ♏ 14 18	9 56
15	T	17 35 46	23 17 57	23 16	15 10 24	5 0	11 36	25 16	21 7 39	13 10
16	W	17 39 43	24 19 1	23 19	27 6 20	5 3	14 35	25 13	3 ✓ 6 42	15 52
17	Th	17 43 39	25 20 5	23 21	9 ✓ 8 56	4 53	17 0	25 10	15 13 13	17 56
18	F	17 47 36	26 21 10	23 23	21 19 38	4 30	18 40	25 7	27 28 18	19 12
19	S	17 51 33	27 22 16	23 25	3 ♑ 39 16	3 53	19 30	25 4	9 ♑ 52 36	19 34
20	Su	17 55 29	28 23 23	23 26	16 8 22	3 5	19 24	25 0	22 26 38	18 59
21	M	17 59 26	29 ✓ 24 30	23 26	28 47 28	2 7	18 19	24 57	5 ≈ 10 57	17 26
22	T	18 3 22	0 ♑ 25 37	23 26	11 ≈ 37 15	1 N 2	16 18	24 54	18 6 28	14 58
23	W	18 7 19	1 26 45	23 26	24 38 49	0 S 8	13 25	24 51	1 ♓ 14 29	11 42
24	Th	18 11 15	2 27 52	23 25	7 ♓ 53 41	1 18	9 49	24 48	14 36 38	7 47
25	F	18 15 12	3 29 0	23 23	21 23 32	2 26	5 39	24 45	28 14 34	3 S 24
26	S	18 19 8	4 30 8	23 22	5 ♈ 9 52	3 26	1 S 6	24 41	12 ♈ 9 30	1 N 14
27	Su	18 23 5	5 31 16	23 19	19 13 27	4 16	3 N 35	24 38	26 21 34	5 54
28	M	18 27 2	6 32 23	23 17	3 ♉ 33 37	4 50	8 9	24 35	10 ♉ 49 12	10 18
29	T	18 30 58	7 33 31	23 13	18 7 46	5 7	12 18	24 32	25 28 40	14 8
30	W	18 34 55	8 34 39	23 10	2 ♊ 51 5	5 4	15 45	24 29	10 ♊ 14 6	17 7
31	Th	18 38 51	9 ♑ 35 47	23 S 5	17 ♊ 36 46	4 S 40	18 N 12	24 ♌ 26	24 ♊ 58 5	18 N 59

D	Mercury		Venus		Mars		Jupiter	
M	Lat.	Dec.	Lat.	Dec.	Lat.	Dec.	Lat.	Dec.
	° ′	° ′	° ′	° ′	° ′	° ′	° ′	° ′
1	1 N 6	20 S 47	0 S 17	23 S 6	1 N 42	0 N 39	1 S 21	5 S 43
3	1 42	19 45	0 22	23 24	1 43	0 N 14	1 21	5 39
5	2 11	18 52	0 27	23 39	1 44	0 S 12	1 20	5 35
7	2 32	18 12	0 31	23 51	1 44	0 37	1 20	5 31
9	2 43	17 49	0 36	24 0	1 45	1 2	1 19	5 27
		20 S 15		23 S 15		0 N 27		
		19 17		23 32		0 N 1		
		18 30		23 45		0 S 24		
		17 58		23 56		0 50		
		17 43		24 4		1 15		
11	2 47	17 42	0 40	24 7	1 46	1 27	1 19	5 22
13	2 45	17 49	0 45	24 10	1 47	1 52	1 18	5 18
15	2 38	18 7	0 49	24 10	1 48	2 16	1 18	5 12
17	2 27	18 33	0 53	24 8	1 48	2 40	1 17	5 7
19	2 15	19 4	0 57	24 2	1 49	3 4	1 17	5 1
		17 43		24 9		1 39		
		17 56		24 11		2 4		
		18 19		24 9		2 28		
		18 48		24 5		2 52		
		19 21		23 58		3 16		
21	2 0	19 39	1 1	23 48	1 50	3 28	1 17	4 55
23	1 45	20 15	1 5	23 42	1 51	3 51	1 16	4 49
25	1 29	20 50	1 8	23 27	1 51	4 14	1 16	4 43
27	1 12	21 25	1 12	23 10	1 52	4 37	1 15	4 36
29	0 56	21 57	1 15	22 50	1 53	4 59	1 15	4 29
31	0 N 40	22 S 27	1 S 18	22 S 27	1 N 54	5 S 21	1 S 14	4 S 22
		19 57		23 48		3 40		
		20 33		23 35		4 3		
		21 8		23 19		4 26		
		21 41		23 0		4 48		
		22 S 12		22 S 39		5 S 10		

FULL MOON-Dec. 3, 3h.19m. pm. (11°♊15′)

D M	☿ Long.	♀ Long.	♂ Long.	♃ Long.	♄ Long.	♅ Long.	♆ Long.	♇ Long.	☉	☿	♀	♂	♃	♄	♅	♆	♇
	° ′	° ′	° ′	° ′	° ′	° ′	° ′	° ′									
1	9♐ 25	17♐ 6	2♎ 17	18♓ 43	27♈ 29	9♒ 36	0♒ 5	7♐ 58			⚼		∠		□		
2	8R 3	18 21	2 50	18 47	27R 26	9 38	0 7	8 0				⚼	⚹	⚺		△	
3	6 43	19 37	3 23	18 50	27 23	9 40	0 9	8 3	☍	☍		△		∠	△	⚼	☍
4	5 28	20 52	3 56	18 55	27 20	9 43	0 10	8 5			☍		□	⚹	⚼		
5	4 21	22 7	4 29	18 59	27 18	9 45	0 12	8 7				□					
6	3 23	23 23	5 2	19 3	27 15	9 47	0 14	8 10	⚼	⚼			△	□			⚼
7	2 36	24 38	5 35	19 8	27 13	9 50	0 15	8 12		△	⚼	⚹	⚼		☍	☍	△
8	2 0	25 53	6 7	19 13	27 11	9 52	0 17	8 14	△		△	∠					
9	1 35	27 9	6 40	19 18	27 8	9 54	0 19	8 17		□		⚺		△			□
10	1 21	28 24	7 13	19 23	27 6	9 57	0 21	8 19	□				☍	⚼		⚼	
11	1D 18	29♐ 39	7 45	19 29	27 4	9 59	0 22	8 21		⚹	□				⚼	△	
12	1 26	0♑ 55	8 17	19 34	27 2	10 2	0 24	8 24				☌			△		⚹
13	1 42	2 10	8 50	19 40	27 0	10 4	0 26	8 26	⚹	∠				☍			∠
14	2 7	3 25	9 22	19 46	26 59	10 7	0 28	8 28	∠	⚺	⚹		⚼			□	⚺
15	2 40	4 41	9 54	19 52	26 57	10 10	0 30	8 30			∠	⚺	△		□		
16	3 19	5 56	10 26	19 58	26 56	10 12	0 32	8 33	⚺			∠				⚹	
17	4 5	7 11	10 57	20 5	26 54	10 15	0 34	8 35		☌	⚺	⚹		⚼	⚹		☌
18	4 56	8 27	11 29	20 11	26 53	10 18	0 36	8 37	☌				□	△	∠	∠	
19	5 52	9 42	12 0	20 18	26 52	10 20	0 38	8 40		⚺						⚺	⚺
20	6 51	10 57	12 32	20 25	26 51	10 23	0 40	8 42		∠	☌	□	⚹		⚺		
21	7 55	12 13	13 3	20 32	26 50	10 26	0 42	8 44	⚺					□		☌	∠
22	9 1	13 28	13 34	20 40	26 49	10 29	0 44	8 46	∠	⚹	⚺	△	∠		☌		⚹
23	10 11	14 43	14 5	20 47	26 48	10 32	0 46	8 49			∠	⚼	⚺	⚹		⚺	
24	11 23	15 59	14 36	20 55	26 48	10 35	0 48	8 51	⚹	□				∠	⚺		□
25	12 37	17 14	15 7	21 2	26 47	10 38	0 50	8 53			⚹		☌	⚺	∠	∠	
26	13 53	18 29	15 37	21 10	26 47	10 41	0 52	8 55	□						⚹	⚹	△
27	15 10	19 44	16 8	21 18	26 46	10 44	0 54	8 57		△	□	☍	⚺				⚼
28	16 30	21 0	16 38	21 27	26 46	10 47	0 56	8 59	△	⚼			∠	☌	□	□	
29	17 50	22 15	17 8	21 35	26 46	10 50	0 58	9 2	⚼		△		⚹				
30	19 12	23 30	17 38	21 43	26D 46	10 53	1 0	9 4			⚼	⚼		⚺		△	☍
31	20♐ 34	24♑ 45	18♎ 8	21♓ 52	26♈ 46	10♒ 56	1♒ 2	9♐ 6		☍		△	□	∠	△	⚼	

D M	Saturn Lat.	Saturn Dec.	Uranus Lat.	Uranus Dec.	Neptune Lat.	Neptune Dec.	Pluto Lat.	Pluto Dec.
	° ′	° ′	° ′	° ′	° ′	° ′	° ′	° ′
1	2S41	8N 4	0S38	18S28	0N18	19S50	11N22	10S24
3	2 40	8 3	0 38	18 27	0 18	19 49	11 22	10 25
5	2 40	8 1	0 38	18 25	0 18	19 48	11 22	10 26
7	2 39	8 0	0 38	18 24	0 18	19 48	11 22	10 27
9	2 39	7 59	0 38	18 23	0 18	19 47	11 22	10 27
11	2 38	7 58	0 38	18 21	0 18	19 46	11 22	10 28
13	2 38	7 57	0 38	18 20	0 18	19 46	11 22	10 29
15	2 37	7 56	0 38	18 19	0 18	19 45	11 22	10 29
17	2 37	7 56	0 38	18 17	0 18	19 44	11 22	10 30
19	2 36	7 55	0 38	18 16	0 18	19 43	11 22	10 31
21	2 36	7 55	0 38	18 14	0 18	19 42	11 22	10 31
23	2 35	7 55	0 38	18 12	0 18	19 41	11 22	10 32
25	2 35	7 55	0 38	18 11	0 18	19 41	11 22	10 32
27	2 34	7 56	0 38	18 9	0 18	19 40	11 22	10 33
29	2 33	7 56	0 38	18 7	0 18	19 39	11 23	10 33
31	2S33	7N57	0S38	18S 6	0N18	19S38	11N23	10S33

Mutual Aspects

1 ☉☌☿. ☿⚹♅.
2 ☉⚹♅. ☿☌♇. ♀□♃.
3 ☿P♆. 4 ☉⚼♄.
5 ☿⚹♂.
6 ☿±♄. ☿P♅.
7 ☉∠♆. ♀∠♅. ♀⊥♆.
9 ♀△♄.
11 ☉□♃. ☿Stat.
12 ☉Q♂. ♀⚺♆. ♂⚹♇.
13 ☿⚺♀.
15 ☿±♄. ♀⊥♅.
16 ☉⊥♆. ♂△♅. ☿P♅.
17 ☉∠♅.
18 ♀Q♃. ♀⚺♇.
19 ☉△♄. 20 ♀⚺♅.
21 ☿P♆.
22 ☉⚺♆. ☿☌♇. ♀□♂.
23 ☿⚹♅. ♀⊥♇. ♃⊥♄.
24 ☿⚼♄.
26 ☉⊥♅. ☉P♀.
27 ♂P♃.
28 ☿⚹♂. ☿∠♆. ♀⚹♃.
29 ♄Stat.
30 ☉⚺♇. ♀∠♇.
31 ☉Q♃. ☿P♀.

LAST QUARTER-Dec.10, 5h.54m. pm. (18°♍28′)

JANUARY

D	☉	☽	☽Dec.	☿	♀	♂
1	1 01 10	14 10 33	3 32	0 41	0 15	47
2	1 01 10	14 11 22	4 07	0 46	0 18	47
3	1 01 10	14 09 51	4 27	0 51	0 20	47
4	1 01 10	14 06 53	4 30	0 55	0 22	47
5	1 01 09	14 02 56	4 19	0 59	0 25	47
6	1 01 09	13 58 06	3 53	1 02	0 27	47
7	1 01 08	13 52 04	3 15	1 05	0 29	47
8	1 01 08	13 44 19	2 25	1 07	0 30	47
9	1 01 08	13 34 25	1 26	1 10	0 32	47
10	1 01 07	13 22 11	0 24	1 12	0 33	47
11	1 01 07	13 07 51	0 37	1 14	0 35	47
12	1 01 06	12 52 06	1 32	1 15	0 36	47
13	1 01 06	12 35 54	2 19	1 17	0 36	47
14	1 01 06	12 20 26	2 55	1 18	0 37	47
15	1 01 05	12 06 54	3 21	1 20	0 37	47
16	1 01 05	11 56 24	3 37	1 21	0 37	47
17	1 01 05	11 49 51	3 45	1 22	0 37	47
18	1 01 04	11 47 57	3 45	1 23	0 36	47
19	1 01 04	11 51 09	3 39	1 24	0 35	47
20	1 01 04	11 59 35	3 24	1 25	0 34	47
21	1 01 03	12 13 09	3 02	1 26	0 33	47
22	1 01 03	12 31 17	2 30	1 26	0 31	47
23	1 01 03	12 53 00	1 48	1 27	0 30	47
24	1 01 02	13 16 50	0 55	1 28	0 28	47
25	1 01 01	13 40 51	0 07	1 29	0 26	47
26	1 01 01	14 02 53	1 14	1 29	0 24	47
27	1 01 00	14 20 49	2 20	1 30	0 22	47
28	1 00 59	14 33 03	3 18	1 31	0 19	47
29	1 00 58	14 38 44	4 02	1 32	0 17	47
30	1 00 57	14 38 01	4 29	1 32	0 14	47
31	1 00 55	14 31 50	4 38	1 33	0 12	47

FEBRUARY

D	☉	☽	☽Dec.	☿	♀	♂
1	1 00 54	14 21 34	4 28	1 34	0 10	47
2	1 00 53	14 08 41	4 03	1 34	0 07	47
3	1 00 51	13 54 27	3 25	1 35	0 05	47
4	1 00 50	13 39 49	2 37	1 36	0 02	47
5	1 00 48	13 25 19	1 41	1 37	0 00	47
6	1 00 47	13 11 12	0 41	1 37	0 03	47
7	1 00 45	12 57 33	0 18	1 38	0 05	47
8	1 00 44	12 44 24	1 14	1 39	0 07	47
9	1 00 43	12 31 50	2 02	1 40	0 10	47
10	1 00 41	12 20 02	2 42	1 41	0 12	47
11	1 00 40	12 09 22	3 12	1 41	0 14	47
12	1 00 38	12 00 17	3 32	1 42	0 16	47
13	1 00 37	11 53 20	3 43	1 43	0 18	47
14	1 00 36	11 49 09	3 46	1 44	0 20	47
15	1 00 35	11 48 19	3 41	1 45	0 22	47
16	1 00 33	11 51 24	3 28	1 46	0 24	47
17	1 00 32	11 58 50	3 08	1 47	0 25	47
18	1 00 31	12 10 53	2 40	1 47	0 27	47
19	1 00 30	12 27 34	2 02	1 48	0 29	47
20	1 00 28	12 48 30	1 16	1 49	0 30	47
21	1 00 27	13 12 51	0 20	1 50	0 32	47
22	1 00 26	13 39 11	0 43	1 51	0 33	47
23	1 00 24	14 05 31	1 49	1 52	0 35	47
24	1 00 23	14 29 23	2 52	1 53	0 36	47
25	1 00 21	14 48 13	3 47	1 53	0 37	47
26	1 00 19	14 59 50	4 25	1 54	0 39	47
27	1 00 17	15 02 54	4 44	1 54	0 40	47
28	1 00 16	14 57 19	4 43	1 55	0 41	47

MARCH

D	☉	☽	☽Dec.	☿	♀	♂
1	1 00 14	14 44 14	4 22	1 55	0 42	47
2	1 00 12	14 25 37	3 44	1 55	0 43	47
3	1 00 10	14 03 49	2 54	1 55	0 44	47
4	1 00 07	13 41 02	1 57	1 55	0 45	47
5	1 00 05	13 19 01	0 56	1 54	0 46	46
6	1 00 03	12 58 57	0 04	1 53	0 47	46
7	1 00 01	12 41 28	1 00	1 52	0 48	46
8	0 59 59	12 26 46	1 50	1 50	0 48	46
9	0 59 57	12 14 49	2 31	1 48	0 49	46
10	0 59 55	12 05 22	3 03	1 45	0 50	46
11	0 59 53	11 58 11	3 26	1 42	0 51	46
12	0 59 51	11 53 07	3 40	1 38	0 51	46
13	0 59 49	11 50 03	3 46	1 34	0 52	46
14	0 59 47	11 49 03	3 43	1 29	0 53	46
15	0 59 45	11 50 21	3 32	1 24	0 53	46
16	0 59 43	11 54 15	3 14	1 19	0 54	46
17	0 59 41	12 01 10	2 47	1 13	0 55	46
18	0 59 40	12 11 29	2 13	1 06	0 55	46
19	0 59 38	12 25 34	1 30	0 59	0 56	46
20	0 59 36	12 43 32	0 39	0 52	0 56	46
21	0 59 35	13 05 14	0 19	0 45	0 57	46
22	0 59 33	13 30 00	1 20	0 37	0 57	46
23	0 59 31	13 56 34	2 23	0 30	0 58	46
24	0 59 29	14 22 58	3 20	0 22	0 58	46
25	0 59 27	14 46 33	4 08	0 14	0 59	46
26	0 59 25	15 04 25	4 39	0 06	0 59	46
27	0 59 23	15 13 53	4 51	0 01	0 59	46
28	0 59 21	15 13 21	4 41	0 09	1 00	46
29	0 59 19	15 02 42	4 10	0 16	1 00	46
30	0 59 17	14 43 28	3 22	0 22	1 00	45
31	0 59 15	14 18 24	2 22	0 28	1 01	45

APRIL

D	☉	☽	☽Dec.	☿	♀	♂
1	0 59 12	13 50 35	1 17	0 33	1 01	45
2	0 59 10	13 22 55	0 12	0 38	1 01	45
3	0 59 08	12 57 31	0 47	0 42	1 02	45
4	0 59 05	12 35 45	1 39	0 45	1 02	45
5	0 59 03	12 18 16	2 23	0 46	1 02	45
6	0 59 01	12 05 11	2 56	0 47	1 03	45
7	0 58 59	11 56 13	3 21	0 47	1 03	45
8	0 58 56	11 50 51	3 38	0 47	1 03	45
9	0 58 54	11 48 36	3 46	0 45	1 03	45
10	0 58 52	11 48 53	3 46	0 42	1 04	45
11	0 58 50	11 51 14	3 38	0 39	1 04	45
12	0 58 48	11 55 21	3 23	0 36	1 04	45
13	0 58 46	12 01 06	2 57	0 31	1 04	45
14	0 58 44	12 08 34	2 23	0 27	1 04	45
15	0 58 43	12 18 01	1 42	0 22	1 05	45
16	0 58 41	12 29 48	0 53	0 17	1 05	45
17	0 58 39	12 44 18	0 02	0 12	1 05	45
18	0 58 38	13 01 49	1 00	0 07	1 05	45
19	0 58 36	13 22 18	2 00	0 02	1 05	44
20	0 58 34	13 45 15	2 56	0 03	1 06	44
21	0 58 33	14 09 30	3 45	0 08	1 06	44
22	0 58 31	14 33 03	4 23	0 13	1 06	44
23	0 58 29	14 55 21	4 45	0 18	1 06	44
24	0 58 28	15 07 05	4 48	0 23	1 06	44
25	0 58 26	15 11 55	4 30	0 27	1 06	44
26	0 58 24	15 06 24	3 52	0 31	1 07	44
27	0 58 22	14 50 53	2 56	0 35	1 07	44
28	0 58 20	14 27 29	1 49	0 39	1 07	44
29	0 58 18	13 59 19	0 39	0 43	1 07	44
30	0 58 16	13 29 47	0 28	0 46	1 07	44

MAY

D	☉	☽	☽Dec.	☿	♀	♂
1	0 58 14	13 01 43	1 26	0 50	1 07	44
2	0 58 12	12 37 10	2 14	0 53	1 07	44
3	0 58 10	12 17 20	2 51	0 56	1 08	44
4	0 58 08	12 02 41	3 18	0 59	1 08	44
5	0 58 06	11 53 11	3 36	1 02	1 08	44
6	0 58 04	11 48 27	3 46	1 05	1 08	44
7	0 58 02	11 47 51	3 48	1 08	1 08	44
8	0 58 01	11 50 37	3 43	1 10	1 08	44
9	0 57 59	11 56 00	3 29	1 13	1 08	43
10	0 57 57	12 03 13	3 07	1 16	1 08	43
11	0 57 56	12 11 42	2 36	1 18	1 08	43
12	0 57 54	12 21 00	1 56	1 20	1 08	43
13	0 57 53	12 31 01	1 08	1 23	1 09	43
14	0 57 51	12 41 52	0 13	1 25	1 09	43
15	0 57 50	12 53 50	0 45	1 27	1 09	43
16	0 57 49	13 07 22	1 43	1 30	1 09	43
17	0 57 48	13 22 46	2 39	1 32	1 09	43
18	0 57 47	13 40 05	3 27	1 34	1 09	43
19	0 57 46	13 58 49	4 06	1 36	1 09	43
20	0 57 44	14 17 49	4 32	1 39	1 09	43
21	0 57 43	14 35 09	4 43	1 41	1 09	43
22	0 57 42	14 48 24	4 36	1 43	1 09	43
23	0 57 41	14 55 01	4 10	1 45	1 09	43
24	0 57 40	14 53 10	3 24	1 47	1 09	43
25	0 57 39	14 42 18	2 23	1 49	1 10	43
26	0 57 38	14 23 26	1 12	1 52	1 10	43
27	0 57 36	13 58 53	0 01	1 54	1 10	43
28	0 57 35	13 31 37	1 05	1 56	1 10	42
29	0 57 34	13 04 32	2 00	1 58	1 10	42
30	0 57 32	12 39 57	2 43	2 00	1 10	42
31	0 57 31	12 19 30	3 14	2 02	1 10	42

JUNE

D	☉	☽	☽Dec.	☿	♀	♂
1	0 57 30	12 04 06	3 35	2 04	1 10	42
2	0 57 28	11 54 07	3 46	2 06	1 10	42
3	0 57 27	11 49 26	3 50	2 07	1 10	42
4	0 57 26	11 49 38	3 47	2 09	1 10	42
5	0 57 25	11 54 04	3 36	2 10	1 10	42
6	0 57 24	12 01 54	3 17	2 11	1 10	42
7	0 57 23	12 12 10	2 49	2 11	1 10	42
8	0 57 22	12 23 56	2 12	2 12	1 10	42
9	0 57 21	12 36 18	1 25	2 12	1 10	42
10	0 57 20	12 48 36	0 31	2 12	1 10	42
11	0 57 20	13 00 27	0 28	2 12	1 11	42
12	0 57 19	13 11 48	1 29	2 11	1 11	42
13	0 57 18	13 22 52	2 26	2 10	1 11	42
14	0 57 18	13 33 59	3 16	2 09	1 11	42
15	0 57 18	13 45 26	3 55	2 08	1 11	42
16	0 57 17	13 57 15	4 23	2 06	1 11	41
17	0 57 17	14 08 57	4 36	2 05	1 11	41
18	0 57 17	14 19 30	4 34	2 03	1 11	41
19	0 57 17	14 27 27	4 15	2 01	1 11	41
20	0 57 16	14 31 07	3 39	1 59	1 11	41
21	0 57 16	14 29 02	2 47	1 57	1 11	41
22	0 57 16	14 20 32	1 43	1 55	1 11	41
23	0 57 16	14 05 52	0 33	1 53	1 11	41
24	0 57 15	13 46 19	0 37	1 51	1 11	41
25	0 57 15	13 23 53	1 38	1 48	1 11	41
26	0 57 14	13 00 44	2 29	1 46	1 11	41
27	0 57 14	12 38 56	3 06	1 44	1 11	41
28	0 57 13	12 20 09	3 31	1 42	1 11	41
29	0 57 13	12 05 31	3 46	1 40	1 11	41
30	0 57 13	11 55 46	3 52	1 37	1 11	41

JULY

D	☉	☽	☽Dec.	☿	♀	♂
1	0 57 12	11 51 10	3 50	1 35	1 11	41
2	0 57 12	11 51 42	3 41	1 33	1 11	41
3	0 57 12	11 57 00	3 25	1 31	1 12	41
4	0 57 11	12 06 28	3 01	1 28	1 12	41
5	0 57 11	12 19 15	2 27	1 26	1 12	41
6	0 57 11	12 34 20	1 44	1 24	1 12	41
7	0 57 11	12 50 32	0 52	1 21	1 12	41
8	0 57 11	13 06 40	0 07	1 19	1 12	40
9	0 57 11	13 21 45	1 10	1 16	1 12	40
10	0 57 11	13 35 02	2 11	1 14	1 12	40
11	0 57 12	13 46 07	3 05	1 11	1 12	40
12	0 57 12	13 55 00	3 49	1 09	1 12	40
13	0 57 13	14 01 52	4 19	1 06	1 12	40
14	0 57 13	14 06 59	4 34	1 03	1 12	40
15	0 57 14	14 10 29	4 34	1 00	1 12	40
16	0 57 14	14 12 15	4 18	0 57	1 12	40
17	0 57 15	14 11 55	3 46	0 54	1 12	40
18	0 57 16	14 08 57	3 00	0 51	1 12	40
19	0 57 17	14 02 51	2 03	0 48	1 12	40
20	0 57 17	13 53 18	0 57	0 44	1 12	40
21	0 57 18	13 40 26	0 41	0 41	1 12	40
22	0 57 19	13 24 47	1 14	0 37	1 12	40
23	0 57 19	13 07 21	2 09	0 33	1 12	40
24	0 57 20	12 49 20	2 53	0 29	1 12	40
25	0 57 20	12 32 02	3 24	0 24	1 12	40
26	0 57 21	12 16 42	3 43	0 20	1 13	40
27	0 57 21	12 04 20	3 52	0 15	1 13	40
28	0 57 22	11 55 50	3 53	0 11	1 13	40
29	0 57 22	11 51 43	3 45	0 06	1 13	40
30	0 57 23	11 52 20	3 31	0 01	1 13	40
31	0 57 23	11 57 44	3 09	0 05	1 13	39

AUGUST

D	☉	☽	☽Dec.	☿	♀	♂
1	0 57 24	12 07 46	2 39	0 10	1 13	39
2	0 57 25	12 21 56	2 01	0 15	1 13	39
3	0 57 25	12 39 28	1 13	0 20	1 13	39
4	0 57 26	12 59 15	0 17	0 25	1 13	39
5	0 57 27	13 19 54	0 45	0 30	1 13	39
6	0 57 28	13 39 54	1 49	0 34	1 13	39
7	0 57 29	13 57 41	2 49	0 39	1 13	39
8	0 57 30	14 11 56	3 40	0 42	1 13	39
9	0 57 31	14 21 43	4 17	0 45	1 13	39
10	0 57 32	14 26 39	4 38	0 47	1 13	39
11	0 57 34	14 26 52	4 40	0 49	1 13	39
12	0 57 35	14 22 58	4 26	0 49	1 13	39
13	0 57 37	14 15 44	3 56	0 49	1 13	39
14	0 57 38	14 06 00	3 11	0 48	1 13	39
15	0 57 40	13 54 31	2 16	0 45	1 13	39
16	0 57 41	13 41 53	1 14	0 42	1 13	39
17	0 57 43	13 28 30	0 08	0 38	1 13	39
18	0 57 44	13 14 44	0 55	0 33	1 13	39
19	0 57 46	13 00 38	1 51	0 28	1 14	39
20	0 57 47	12 46 42	2 38	0 21	1 14	39
21	0 57 49	12 33 12	3 13	0 14	1 14	39
22	0 57 50	12 20 37	3 37	0 07	1 14	39
23	0 57 51	12 09 29	3 50	0 00	1 14	39
24	0 57 53	12 00 25	3 54	0 08	1 14	39
25	0 57 54	11 54 02	3 49	0 16	1 14	38
26	0 57 56	11 50 55	3 36	0 24	1 14	38
27	0 57 57	11 51 38	3 16	0 32	1 14	38
28	0 57 58	11 56 35	2 49	0 40	1 14	38
29	0 58 00	12 06 01	2 13	0 48	1 14	38
30	0 58 01	12 19 57	1 30	0 55	1 14	38
31	0 58 02	12 38 07	0 39	1 02	1 14	38

SEPTEMBER

D	☉	☽	☽Dec.	☿	♀	♂
1	0 58 04	12 59 50	0 20	1 09	1 14	38
2	0 58 05	13 23 58	1 22	1 15	1 14	38
3	0 58 07	13 48 52	2 25	1 21	1 14	38
4	0 58 08	14 12 27	3 22	1 26	1 14	38
5	0 58 10	14 32 24	4 08	1 31	1 14	38
6	0 58 11	14 46 34	4 39	1 35	1 14	38
7	0 58 13	14 53 21	4 50	1 39	1 14	38
8	0 58 15	14 52 11	4 41	1 42	1 14	38
9	0 58 17	14 43 37	4 14	1 45	1 14	38
10	0 58 19	14 29 08	3 29	1 47	1 14	38
11	0 58 21	14 10 49	2 33	1 49	1 14	38
12	0 58 24	13 50 43	1 29	1 51	1 14	38
13	0 58 26	13 30 38	0 23	1 52	1 14	38
14	0 58 28	13 11 46	0 40	1 52	1 14	38
15	0 58 30	12 54 51	1 37	1 53	1 14	38
16	0 58 32	12 40 08	2 25	1 53	1 14	38
17	0 58 34	12 27 34	3 03	1 53	1 15	38
18	0 58 36	12 16 59	3 30	1 53	1 15	38
19	0 58 38	12 08 10	3 47	1 52	1 15	37
20	0 58 40	12 00 59	3 54	1 52	1 15	37
21	0 58 42	11 55 28	3 52	1 51	1 15	37
22	0 58 44	11 51 48	3 41	1 50	1 15	37
23	0 58 46	11 50 19	3 23	1 50	1 15	37
24	0 58 48	11 51 29	2 57	1 49	1 15	37
25	0 58 49	11 55 52	2 24	1 48	1 15	37
26	0 58 51	12 03 58	1 43	1 47	1 15	37
27	0 58 53	12 16 15	0 55	1 46	1 15	37
28	0 58 55	12 32 57	0 01	1 45	1 15	37
29	0 58 56	12 53 59	0 57	1 44	1 15	37
30	0 58 58	13 18 47	1 58	1 44	1 15	37

OCTOBER

D	☉	☽	☽Dec.	☿	♀	♂
1	0 59 00	13 46 07	2 56	1 43	1 15	37
2	0 59 02	14 14 01	3 48	1 42	1 15	37
3	0 59 03	14 39 44	4 28	1 41	1 15	37
4	0 59 05	15 00 07	4 52	1 40	1 15	37
5	0 59 07	15 12 11	4 55	1 39	1 15	37
6	0 59 09	15 14 01	4 36	1 39	1 15	37
7	0 59 12	15 05 20	3 57	1 38	1 15	37
8	0 59 14	14 47 39	3 00	1 37	1 15	37
9	0 59 16	14 23 49	1 53	1 36	1 15	37
10	0 59 19	13 57 03	0 42	1 35	1 15	37
11	0 59 21	13 30 19	0 26	1 35	1 15	37
12	0 59 23	13 05 45	1 26	1 34	1 15	36
13	0 59 25	12 44 39	2 16	1 33	1 15	36
14	0 59 28	12 27 32	2 56	1 33	1 15	36
15	0 59 30	12 14 22	3 25	1 32	1 15	36
16	0 59 32	12 04 46	3 44	1 31	1 15	36
17	0 59 34	11 58 11	3 53	1 31	1 15	36
18	0 59 36	11 54 00	3 54	1 30	1 15	36
19	0 59 38	11 51 45	3 47	1 29	1 15	36
20	0 59 41	11 51 04	3 31	1 29	1 15	36
21	0 59 42	11 51 53	3 07	1 28	1 15	36
22	0 59 44	11 54 19	2 35	1 27	1 15	36
23	0 59 46	11 58 45	1 56	1 27	1 15	36
24	0 59 48	12 05 43	1 09	1 26	1 15	36
25	0 59 50	12 15 52	0 18	1 25	1 15	36
26	0 59 52	12 29 45	0 38	1 25	1 15	36
27	0 59 53	12 47 47	1 36	1 24	1 15	36
28	0 59 55	13 10 00	2 32	1 23	1 15	36
29	0 59 56	13 35 50	3 24	1 22	1 15	36
30	0 59 58	14 03 54	4 08	1 21	1 15	36
31	1 00 00	14 31 50	4 40	1 20	1 15	35

NOVEMBER

D	☉	☽	☽Dec.	☿	♀	♂
1	1 00 01	14 56 26	4 56	1 19	1 15	35
2	1 00 03	15 14 01	4 51	1 18	1 15	35
3	1 00 05	15 21 28	4 24	1 16	1 15	35
4	1 00 07	15 17 10	3 35	1 15	1 15	35
5	1 00 09	15 01 40	2 29	1 13	1 15	35
6	1 00 11	14 37 32	1 14	1 11	1 15	35
7	1 00 13	14 08 25	0 01	1 09	1 15	35
8	1 00 15	13 38 01	1 10	1 07	1 15	35
9	1 00 17	13 09 20	2 06	1 04	1 15	35
10	1 00 19	12 44 24	2 50	1 02	1 15	35
11	1 00 21	12 24 14	3 22	0 58	1 15	35
12	1 00 22	12 09 07	3 42	0 55	1 15	35
13	1 00 24	11 58 50	3 53	0 51	1 15	35
14	1 00 26	11 53 14	3 56	0 46	1 15	35
15	1 00 28	11 50 18	3 51	0 41	1 15	35
16	1 00 30	11 50 31	3 38	0 35	1 15	34
17	1 00 31	11 52 45	3 17	0 28	1 15	34
18	1 00 33	11 56 26	2 47	0 21	1 15	34
19	1 00 35	12 01 13	2 10	0 13	1 15	34
20	1 00 36	12 07 04	1 24	0 05	1 15	34
21	1 00 37	12 14 14	0 33	0 05	1 15	34
22	1 00 39	12 23 10	0 23	0 15	1 15	34
23	1 00 40	12 34 29	1 20	0 26	1 15	34
24	1 00 41	12 48 46	2 14	0 36	1 15	34
25	1 00 42	13 06 25	3 05	0 47	1 15	34
26	1 00 43	13 27 24	3 48	0 57	1 15	34
27	1 00 44	13 51 02	4 22	1 06	1 15	34
28	1 00 45	14 15 47	4 44	1 14	1 15	34
29	1 00 46	14 39 10	4 49	1 19	1 15	33
30	1 00 47	14 58 02	4 36	1 22	1 15	33

DECEMBER

D	☉	☽	☽Dec.	☿	♀	♂
1	1 00 48	15 09 08	4 01	1 22	1 15	33
2	1 00 49	15 10 09	3 06	1 20	1 15	33
3	1 00 50	15 00 19	1 55	1 15	1 15	33
4	1 00 51	14 41 00	0 36	1 07	1 15	33
5	1 00 53	14 15 02	0 41	0 58	1 15	33
6	1 00 54	13 45 52	1 47	0 47	1 15	33
7	1 00 55	13 16 47	2 40	0 36	1 15	33
8	1 00 56	12 50 18	3 18	0 25	1 15	33
9	1 00 57	12 28 03	3 42	0 14	1 15	33
10	1 00 59	12 10 52	3 55	0 03	1 15	32
11	1 01 00	11 59 00	3 59	0 07	1 15	32
12	1 01 01	11 52 11	3 56	0 17	1 15	32
13	1 01 02	11 49 54	3 44	0 25	1 15	32
14	1 01 03	11 51 25	3 26	0 33	1 15	32
15	1 01 04	11 55 56	2 59	0 39	1 15	32
16	1 01 05	12 02 36	2 24	0 46	1 15	32
17	1 01 05	12 10 42	1 41	0 51	1 15	32
18	1 01 06	12 19 38	0 50	0 56	1 15	32
19	1 01 06	12 29 07	0 06	1 00	1 15	31
20	1 01 07	12 39 05	1 04	1 03	1 15	31
21	1 01 07	12 49 47	2 01	1 07	1 15	31
22	1 01 08	13 01 35	2 53	1 09	1 15	31
23	1 01 08	13 14 52	3 37	1 12	1 15	31
24	1 01 08	13 29 51	4 10	1 14	1 15	31
25	1 01 08	13 46 20	4 32	1 16	1 15	31
26	1 01 08	14 03 35	4 41	1 18	1 15	30
27	1 01 08	14 20 10	4 34	1 19	1 15	30
28	1 01 08	14 34 09	4 10	1 20	1 15	30
29	1 01 08	14 43 18	3 27	1 22	1 15	30
30	1 01 08	14 45 42	2 27	1 23	1 15	30
31	1 01 08	14 40 15	1 14	1 24	1 15	30

d	h	m			PHENOMENA, 1998
Jan.					
3	8	22	am	☽	in Perigee
4	8	19	pm	☽	on Equator
4	9	00	pm	⊕	in Perihelion
6	3	00	pm	☿	Gt. Elong.23°W.
7	11	28	am	♂	in Perihelion
11	9	18	am	☽	Max. Dec.18°N.39′
18	3	28	pm	☽	on Equator
18	4	09	pm	☿	in ☋
18	8	35	pm	☽	in Apogee
25	9	34	pm	☽	Max. Dec.18°S.36′
25	10	27	pm	♀	in Perihelion
29	0	22	am	☿	in Aphelion
30	2	02	pm	☽	in Perigee
Feb.					
1	3	34	am	☽	on Equator
7	4	29	pm	☽	Max. Dec.18°N.34′
14	11	37	pm	☽	on Equator
15	2	37	pm	☽	in Apogee
20	1	00	am	♀	Gt. Brilliance
22	8	02	am	☽	Max. Dec.18°S.31′
26	5	26	pm	●	Total Eclipse
27	7	47	pm	☽	in Perigee
28	0	51	pm	☽	on Equator
Mar.					
6	10	09	pm	☽	Max. Dec.18°N.31′
9	8	15	am	☿	in ☊
13	11	59	pm	☿	in Perihelion
14	6	15	am	☽	on Equator
15	0	24	am	☽	in Apogee
20	4	00	am	☿	Gt. Elong.19°E.
20	7	55	pm	☉	Enters ♈,Equinox
21	4	35	pm	☽	Max. Dec.18°S.33′
27	7	00	pm	♀	Gt. Elong.47°W.
27	11	47	pm	☽	on Equator
28	6	57	am	☽	in Perigee
Apr.					
3	4	40	am	☽	Max. Dec.18°N.37′
10	0	22	pm	☽	on Equator
11	1	31	am	☽	in Apogee
13	3	09	pm	♀	in ☋
16	3	24	pm	☿	in ☋
17	11	18	pm	☽	Max. Dec.18°S.43′
24	10	50	am	☽	on Equator
25	5	46	pm	☽	in Perigee
26	11	37	pm	☿	in Aphelion
30	1	32	pm	☽	Max. Dec.18°N.48′
May					
4	5	00	pm	☿	Gt. Elong.27°W.
7	7	11	pm	☽	on Equator
8	8	45	am	☽	in Apogee
8	2	37	pm	♂	in ☊
15	5	33	am	☽	Max. Dec.18°S.55′
18	2	27	am	♀	in Aphelion
21	8	27	pm	☽	on Equator
23	11	53	pm	☽	in Perigee
28	0	14	am	☽	Max. Dec.18°N.58′
Jun.					
4	3	19	am	☽	on Equator
4	11	38	pm	☽	in Apogee
5	7	31	am	☿	in ☊
9	11	16	pm	☿	in Perihelion
11	0	42	pm	☽	Max. Dec.19°S. 2′
18	4	04	am	☽	on Equator
20	5	13	pm	☽	in Perigee
21	2	03	pm	☉	Enters ♋,Solstice
24	11	01	am	☽	Max. Dec.19°N. 2′

d	h	m			PHENOMENA, 1998
Jul.					
1	0	22	pm	☽	on Equator
2	5	27	pm	☽	in Apogee
4	0	00	am	⊕	in Aphelion
8	9	16	pm	☽	Max. Dec.19°S. 2′
13	2	40	pm	☿	in ☋
15	10	24	am	☽	on Equator
16	1	52	pm	☽	in Perigee
17	3	00	am	☿	Gt. Elong.27°E.
21	8	11	pm	☽	Max. Dec.19°N. 1′
23	10	54	pm	☿	in Aphelion
28	9	21	pm	☽	on Equator
30	0	10	pm	☽	in Apogee
Aug.					
4	6	30	pm	♀	in ☊
5	6	48	am	☽	Max. Dec.18°S.59′
11	11	54	am	☽	in Perigee
11	5	01	pm	☽	on Equator
18	3	01	am	☽	Max. Dec.18°N.57′
22	2	03	am	●	Annular Eclipse
25	5	19	am	☽	on Equator
27	6	30	am	☽	in Apogee
31	9	00	am	☿	Gt. Elong.18°W.
Sep.					
1	6	46	am	☿	in ☊
1	4	16	pm	☽	Max. Dec.18°S.57′
5	10	32	pm	☿	in Perihelion
7	0	39	pm	♀	in Perihelion
8	1	22	am	☽	on Equator
8	6	06	am	☽	in Perigee
14	8	27	am	☽	Max. Dec.18°N.59′
21	0	05	pm	☽	on Equator
23	5	37	am	☉	Enters ♎,Equinox
23	10	05	pm	☽	in Apogee
29	0	40	am	☽	Max. Dec.19°S. 3′
Oct.					
5	11	47	am	☽	on Equator
6	1	08	pm	☽	in Perigee
9	1	56	pm	☿	in ☋
11	2	38	pm	☽	Max. Dec.19°N. 7′
18	6	17	pm	☽	on Equator
19	10	09	pm	☿	in Aphelion
21	5	32	am	☽	in Apogee
26	7	45	am	☽	Max. Dec.19°S.16′
Nov.					
1	11	12	pm	☽	on Equator
4	0	45	am	☽	in Perigee
7	11	30	pm	☽	Max. Dec.19°N.21′
11	9	00	am	☿	Gt. Elong.23°E.
15	0	59	am	☽	on Equator
17	6	38	am	☽	in Apogee
22	2	16	pm	☽	Max. Dec.19°S.28′
24	7	55	am	♀	in ☋
28	6	02	am	☿	in ☊
29	9	40	am	☽	on Equator
Dec.					
2	0	24	pm	☽	in Perigee
2	9	47	pm	☿	in Perihelion
5	10	56	am	☽	Max. Dec.19°N.31′
12	8	56	am	☽	on Equator
14	5	11	pm	☽	in Apogee
16	10	24	pm	♂	in Aphelion
19	9	26	pm	☽	Max. Dec.19°S.34′
20	4	00	am	☿	Gt. Elong.22°W.
22	1	56	am	☉	Enters ♑,Solstice
26	5	41	pm	☽	on Equator
28	7	03	pm	♀	in Aphelion
30	5	56	pm	☽	in Perigee

Showing the approximate time when each Aspect is formed.
am denotes morning; pm denotes afternoon.
Note:- Semi-quintile, or 36° apart, ⊥; Bi-quintile, or 144° ±; Quincunx or 150° ⊼
☽ ● ☉ Eclipse of ☉. ☽ ☍ ☉ Eclipse of ☽. ● Occultation by ☽.

JANUARY

Date	Aspect	Time	
1 TH	☽⚺☉	0am 41	g
	☽☌♂	1 25	B
	☽P♃	1 49	G
	☽✱♄	6 26	G
	☽✱☿	3pm 5	G
	☽☌♃	9 7	G
2 F	☽∠☉	4am 6	b
	☽∠♄	7 54	b
	☽⚺♆	8 14	g
	☽P♇	2pm 34	D
	☽⚺♀	3 0	g
	☉⚺♂	6 15	
	☽□♇	9 29	B
	☽⚺♅	10 9	g
3 S	☽⚺♂	7am 12	g
	☽✱☉	7 26	G
	☽⚺♄	9 19	g
	☽∠♆	9 40	b
	☉⊥♇	10 35	
	☽∠♀	3pm 51	b
	☽□☿	8 40	B
	☽∠♅	11 38	b
4 SU	☽⚺♃	0am 39	g
	☽P♄	3 29	B
	☽∠♂	10 6	b
	☉□♄	10 33	
	☽✱♆	11 8	G
	☽✱♀	4pm 41	G
	♂✱♄	10 58	
5 M	☽△♇	0am 26	G
	☽✱♅	1 11	G
	☽∠♃	2 30	b
	☽●♄	0pm 21	B
	☽✱♂	1 7	G
	☽P♄	1 21	B
	☽□☉	2 18	B
	♀Q♄	7 22	
	☿∠♅	9 57	
6 TU	☽⚼♇	2am 4	b
	☽△☿	3 12	G
	☽✱♃	4 29	G
	☽□♆	2pm 25	B
	☿⊥♆	4 27	
	☽□♀	6 28	B
7 W	☿✱♃	1am 20	
	☽P♇	2 46	D
	☽□♅	4 41	B
	☽⚼☿	6 57	b
	☽⚺♄	3pm 55	g
	☽□♂	7 38	B
	☽△☉	9 50	G
8 TH	☿⊥♀	6am 26	
	☉⊥♃	7 15	
	☽□♃	8 56	B
	☽P♃	11 58	G
	☽∠♄	6pm 0	b
	☽△♆	6 21	G
	☽△♀	8 37	G
9 F	☽⚼☉	1am 59	b
	☽P♀	3 7	G
	☽☍♇	8 0	B
	☽△♅	8 57	G
	☽P♂	10 33	B
	☉P☿	1pm 52	
	☽✱♄	8 23	G
	☽⚼♆	8 43	b
	☽⚼♀	9 59	b
10 S	☽△♂	3am 15	G
	☽⚼♅	11 34	b
	☽△♃	2pm 31	G
	☽☍☿	8 45	B
11 SU	♀☌♆	3am 1	
	☽⚼♂	7 44	b
	♂Q♇	2pm 3	
	☽⚼♃	5 59	b
	☿⚺♀	7 30	
12 M	☽□♄	2am 25	B
	☿⚺♆	3 54	
	☉∠♇	1pm 24	
	☽⚼♇	5 5	b
	☽☍☉	5 24	B
13 TU	☽☍♀	4am 15	B
	☽☍♆	6 38	B
	☽△♇	9pm 19	G
	☽☍♅	10 34	B
	☽P♂	10 42	B
	☽P♀	11 56	G
14 W	☿⊥♅	3am 26	
	☽△♄	10 55	G
	☽P♃	2pm 8	G
	♀P♂	3 30	
	☽⚼☿	5 17	b
15 TH	☽☍♂	1am 33	B
	☽☍♃	8 23	B
	☽⚼♄	4pm 15	b
	☉⚺♃	7 41	
	☽P♇	11 17	D
16 F	☽△☿	2am 13	G
	☽□♇	7 53	B
	☉☌♀	11 18	
	☽⚼♀	3pm 24	b
	☽⚼☉	4 1	b
	☽⚼♆	10 28	b
17 S	♀⚺♃	2am 2	
	☽⚼♅	3pm 39	b
	☽P♄	5 25	B
	☽△♀	8 9	G
18 SU	☽△☉	1am 7	G
	☽△♆	4 54	G
	☿⚺♇	5 56	
	♀⚺♂	5pm 26	
	☿⚺♅	8 15	
	☽✱♇	8 37	G
	☽△♅	10 16	G
	☽□☿	10 31	B
19 M	☽⚼♂	2am 8	b
	☽⚼♃	4 33	b
	☽☍♄	11 23	B
	☽P♄	1pm 55	B
	☉☌♆	10 34	
20 TU	☽∠♇	3am 9	b
	☽□♀	6 9	B
	☽△♂	10 43	G
	☽△♃	11 33	G
	☽□♆	5pm 56	B
	☽□☉	7 40	B
21 W	♂☌♃	4am 8	
	☽P♇	8 9	D
	☽⚺♇	9 20	g
	☿∠♃	10 6	
	☽□♅	11 6	B
	☉P♆	2pm 33	
	☿∠♂	3 25	
	☽✱☿	6 59	G
22 TH	♂P♃	1am 13	
	☽P♂	11 38	B
	☽P♃	0pm 22	G
	☿⊥♇	2 35	
	☽✱♀	3 2	G
	♀∠♇	6 45	
	☽□♃	11 51	B
23 F	☉Q♄	0am 44	
	☽□♂	1 56	B
	☽P♀	2 15	G
	♀⊥♂	3 37	
	☽∠☿	3 56	b
	☽✱♆	5 0	G
	☽⚼♄	5 3	b
	☽✱☉	11 36	G
	☿□♄	2pm 8	
	☽∠♀	6 29	b
	☽☌♇	7 30	D
	☽✱♅	9 18	G
24 S	☽∠♆	9am 11	b
	☽△♄	9 19	G
	☽⚺☿	11 36	g
	♀⊥♃	4pm 8	
	☽∠☉	5 50	b
	☽⚺♀	9 10	g
25 SU	☽∠♅	0am 59	b
	♂⚺♆	4 57	
	♂∠♄	7 57	
	☽✱♃	8 26	G
	☽⚺♆	0pm 25	g
	☽✱♂	0 51	G
	☽⚺☉	10 51	g
26 M	☽⚺♇	1am 54	g
	☽⚺♅	3 43	g
	☉P♅	11 7	
	☽∠♃	11 16	b
	☽□♄	2pm 59	B
	☽∠♂	4 41	b
	☽☌☿	11 9	G
27 TU	☽☌♀	0am 16	G
	☽∠♇	3 49	b
	☿☌♀	7 47	
	☽⚺♃	1pm 19	g
	☽☌♆	4 21	D
	☉✱♇	4 48	
	☽⚺♂	7 40	g
28 W	☽✱♇	5am 6	G
	☽☌☉	6 1	D
	☽☌♅	6 57	B
	☽P♀	0pm 9	G
	☿⊥♃	5 0	
	☽✱♄	5 46	G
	☿∠♇	7 33	
	☉☌♅	8 8	
29 TH	☽⚺♀	1am 15	g
	☽P♃	3 28	G
	☽⚺☿	7 9	g
	☽P♂	2pm 1	B
	☽☌♃	3 54	G
	☽⚺♆	6 11	g
	☽∠♄	6 35	b
	☽P♇	11 9	D
30 F	☽☌♂	0am 6	B
	☽∠♀	1 23	b
	☽□♇	6 36	B
	☽⚺♅	8 33	g
	☽∠☿	10 36	b
	☽⚺☉	11 6	g
	♀∠♂	6pm 21	
	☽∠♆	6 49	b
	☽⚺♄	7 17	g
31 S	☽✱♀	1am 32	G
	☽P♄	7 32	B
	☽∠♅	9 14	b
	☽∠☉	1pm 32	b
	☽✱☿	2 6	G
	☽⚺♃	5 54	g
	☽✱♆	7 31	G

FEBRUARY

Date	Aspect	Time	
1 SU	☽⚺♂	4am 10	g
	☽△♇	7 59	G
	☽✱♅	10 5	G
	☽✱☉	4pm 13	G
	☽∠♃	7 10	b
	☽●♄	9 3	B
2 M	☽P♄	0am 6	B
	☽□♀	2 29	B
	♂⊥♆	4 45	
	☽∠♂	6 36	b
	☿⚺♃	7 29	
	☽⚼♇	9 3	b
	☿☌♆	5pm 53	
	☽✱♃	8 46	G
	☽□♆	9 43	B
	☽□☿	10 11	B
3 TU	☿⊥♂	6am 26	
	☽P♇	9 19	D
	☽✱♂	9 29	G
	☽P♂	9 43	B
	☽□♅	0pm 48	B
	♂P♇	2 59	
	☽□☉	10 53	B
4 W	☽⚺♄	0am 13	g
	☽P♃	2 34	G
	♂□♇	4 10	
	☽△♀	5 8	G
	☉✱♄	6pm 34	
5 TH	☿Q♄	0am 18	
	☽P♀	0 36	G
	☽□♃	1 25	B
	☽△♆	1 37	G
	☽∠♄	2 31	b
	☽⚼♀	7 17	b
	☽△☿	8 47	G
	☽P☉	9 18	G
	☽☍♇	2pm 50	B
	♃⚺♆	3 11	
	☽□♂	4 55	B
	☽△♅	5 22	G
	♀ Stat	9 25	
6 F	♂⚺♅	1am 9	
	☽⚼♆	4 20	b
	☽✱♄	5 21	G
	☽△☉	7 58	G
	☽⚼☿	3pm 16	b
	☽⚼♅	8 27	b
7 S	♂⊥♄	0am 1	
	☽△♃	8 13	G
	☽P♅	9 15	B
	☿✱♇	11 55	
	☉⚺♀	0pm 18	
	☽⚼☉	1 30	b
	☉P♀	7 4	
8 SU	☽P♅	0am 30	B
	☽△♂	2 53	G
	☿☌♅	10 41	
	☽⚼♃	0pm 29	b
	☽□♄	0 40	B
	☿P♆	3 7	
	☽☍♀	5 27	B
	☉Q♇	6 31	
9 M	☽⚼♇	1am 18	b
	♃∠♄	4 6	
	☽⚼♂	8 51	b
	☽☍♆	3pm 46	B
10 TU	☽△♇	5am 54	G
	☽P♀	8 24	G
	☽☍♅	9 1	B
	☿⚺♂	10 53	
	☽☍☿	3pm 54	B
	☽P☉	7 12	G
	☽△♄	10 16	G
11 W	☽☍☉	10am 23	B
	☿P♅	0pm 48	
	☽P♃	4 44	G
12 TH	☽⚼♄	3am 55	b
	☽☍♃	4 49	B
	☽P♇	7 31	D
	☽⚼♀	9 39	b
	☽□♇	4pm 45	B
	☿✱♄	5 1	
13 F	☽P♂	3am 36	B
	☽☍♂	6 45	B
	☽⚼♆	8 9	b
	☽△♀	4pm 20	G
	☽P♄	7 48	B
14 S	☽⚼♅	2am 27	b
	♂∠♆	4 55	
	♂⊥♅	7 2	
	☽△♆	2pm 31	G
	☿Q♇	5 17	
	☿⚺♀	6 22	
	☉⊥♀	10 17	
15 SU	☽⚼☿	0am 13	b
	☽✱♇	5 19	G
	☽△♅	9 1	G
	☽⚼☉	0pm 55	b
	♂⚺♄	3 34	

	☽☍♄	11	19	B
16	☽⚼♃	1am	24	b
M	☽P♄	4	12	B
	☽□♀	6	57	B
	☽∠♇	11	51	b
	☽△☿	0pm	0	G
	☽P♂	0	54	B
	☿P♀	7	2	
	☽△☉	10	14	G
17	☽□♆	3am	37	B
TU	☽⚼♂	8	23	b
	☽△♃	8	27	G
	☽P♇	4pm	25	D
	☽⚺♇	6	12	g
	☽□♅	10	5	B
18	☽P♃	3am	18	G
W	☽P☉	7	36	G
	☽△♂	4pm	31	G
	☽⚹♀	9	25	G
19	☿⊥♀	3am	40	
TH	☽P☿	5	3	G
	☽□☿	10	25	B
	☉⚺♆	3pm	24	
	☽⚹♆	3	27	G
	☽□☉	3	27	B
	☽⚼♄	6	3	b
	☽□♃	9	6	B
	☽P♀	9	51	G
20	☽∠♀	3am	47	b
F	♂P♄	4	27	
	☽☌♇	5	18	D
	☽⚹♅	9	12	G
	☉P♃	9	26	
	☽∠♆	8pm	14	b
	☿⚺♆	9	11	
	☽△♄	10	55	G
21	☉∠♄	2am	45	
S	☽□♂	6	8	B
	☽⚺♀	9	14	g
	☽∠♅	1pm	27	b
	☽P♅	4	11	B
	☿∠♄	4	57	
	♀∠♇	6	5	
22	☽⚺♆	0am	3	g
SU	☽⚹☿	4	16	G
	☽⚹☉	4	33	G
	☽⚹♃	6	13	G
	☉☌☿	8	29	
	☽⚺♇	0pm	53	g
	☽⚺♅	4	42	g
	☿☌♃	8	8	
23	☽P♅	0am	12	B
M	☽□♄	5	38	B
	☉☌♃	8	51	
	☽∠♃	9	13	b
	☽∠☉	9	14	b
	☽∠☿	10	58	b
	☽⚹♂	3pm	8	G
	☽∠♇	3	11	b
	☽☌♀	5	0	G
	☉P♇	9	1	
24	☽☌♆	4am	45	D
TU	☿⊥♆	4	45	
	☿P♃	6	0	
	☽⚺♃	11	16	g
	☽P♀	0pm	38	G
	☽⚺☉	0	47	g
	☽⚺☿	4	21	g
	☽⚹♇	4	38	G
	☽∠♂	6	1	b
	☿□♇	6	32	
	☽☌♅	8	22	B
25	☽⚹♄	8am	41	G
W	☿P♇	11	2	
	☉⊥♆	7pm	14	
	☽⚺♂	8	5	g
	☽⚺♀	9	10	g
	☿⚺♅	11	57	
26	☿∠♀	2am	3	
TH	☽P♃	5	34	G
	☽⚺♆	6	19	g
	☽∠♄	9	14	b
	☽P♇	10	8	D
	☽☌♃	1pm	14	G
	☽P☿	3	36	G
	☽P☉	4	2	G
	♂∠♅	4	30	
	☽●●	5	26	D
	☽□♇	5	36	B
	☉P☿	7	33	
	☿⊥♄	7	37	
	☉□♇	7	59	
	☽⚺♅	9	21	g
	☽∠♀	10	24	b
27	☽☌☿	0am	21	G
F	☽∠♆	6	25	b
	☽⚺♄	9	26	g
	☽P♄	0pm	1	B
	☽∠♅	9	23	b
	☽●♂	10	51	B
	☽⚹♀	11	25	G
28	☽P♂	2am	22	B
S	☽⚹♆	6	23	G
	☽⚺♃	1pm	56	g
	☽△♇	5	32	G
	☽⚺☉	8	47	g
	☽⚹♅	9	25	G
	☽P♂	10	3	B
MARCH				
1	☿∠♆	0am	51	
SU	☿⊥♅	5	49	
	☉⚺♅	6	49	
	☽⚺☿	7	16	g
	☽●♄	9	45	B
	☽P♄	2pm	22	B
	☽∠♃	2	26	b
	☽⚼♇	5	40	b
	☽P☿	7	53	G
	☽∠☉	10	43	b
2	☽⚺♂	1am	42	g
M	☽□♀	1	57	B
	☽P☉	2	55	G
	☿⚺♄	3	36	
	☽□♆	6	50	B
	☽∠☿	11	17	b
	☽⚹♃	3pm	19	G
	☽P♇	4	17	D
	☽P♃	6	40	G
	☽□♅	10	25	B
	☿P♄	10	45	
3	☽⚹☉	1am	13	G
TU	☉⊥♄	2	55	
	☽∠♂	3	50	b
	☽⚺♄	11	27	g
	☽⚹☿	4pm	7	G
4	☽⚹♂	6am	43	G
W	☽△♀	6	44	G
	☽△♆	9	17	G
	☽∠♄	1pm	16	b
	☽P♀	3	9	G
	♀⚹♂	5	46	
	☽□♃	7	1	B
	☽☍♇	9	12	B
5	☽△♅	1am	49	G
TH	☽□☉	8	41	B
	☽⚼♀	10	27	b
	☽⚼♆	11	36	b
	☽⚹♄	3pm	52	G
6	☽P♅	0am	55	B
F	☿∠♅	1	50	
	♀⊥♃	4	11	
	☽⚼♅	4	41	b
	☽□☿	5	9	B
	♂⚹♆	6	46	
	♀☌♆	7	39	
	☽□♂	3pm	13	B
	♃⊥♆	4	22	
7	☉∠♆	1am	16	
S	☽△♃	1	58	G
	☉P♄	11	18	
	♃P♇	11	27	
	☉⊥♅	2pm	13	
	☽△☉	8	5	G
	☽P♅	8	31	B
	☽□♄	11	32	B
8	☿P♂	1am	32	
SU	☽⚼♃	6	40	b
	☽⚼♇	7	29	b
	♀⚹♂	2pm	21	
	☽△☿	10	53	G
	☽☍♆	11	18	B
9	☿⚹♆	1am	44	
M	☽⚼☉	3	13	b
	☽△♂	3	25	G
	☽☍♀	3	28	B
	☽P♀	10	48	G
	☽△♇	0pm	21	G
	☿P♂	1	18	
	☽☍♅	5	55	B
	☉∠♀	6	39	
	☉⚺♄	9	5	
10	♃□♇	1am	31	
TU	☽⚼☿	9	10	b
	☽△♄	10	5	G
	☽⚼♂	10	41	b
11	☿☌♂	2	48	
W	♇Stat	5	0	
	☿⚹♀	5	53	
	☽P♇	2pm	46	D
	☽⚼♄	4	10	b
	☽P♃	5	18	G
	☽□♇	11	42	B
12	☽☍♃	0am	38	B
TH	☉P☿	7	44	
	☽⚼♆	4pm	30	b
	☽P♄	6	52	B
	☿△♇	10	27	
13	☽⚼♀	3am	23	b
F	☽P☿	4	8	G
	☽☍☉	4	34	B
	☿⚺♃	10	17	
	☽P☉	11	45	G
	☽⚼♅	0pm	3	b
	☽P♂	4	11	B
	☽△♆	10	55	G
14	♀Q♄	0am	37	
S	☽☍♂	11	19	B
	☽△♀	0pm	11	G
	☽⚹♇	0	19	G
	☉P♂	1	10	
	♀⚹♇	1	58	
	☽☍☿	6	10	B
	☽△♅	6	36	G
	☽P☉	9	15	G
	☿⚹♅	9	42	
	☽P♂	10	56	B
15	☿P♄	1am	0	
SU	♂△♇	2	46	
	☽☍♄	0pm	3	B
	☽P♄	6	43	B
	☽∠♇	6	46	b
	☽⚼♃	9	36	b
	☽P☿	11	16	G
16	♀⚺♃	5am	56	
M	☽□♆	11	55	B
	☿Q♆	1pm	27	
	☽P♃	4	31	G
	☽P♇	10	1	D
17	☽⚺♇	1am	7	g
TU	☉∠♅	1	33	
	☽△♃	4	32	G
	☽□♀	5	54	B
	☽□♅	7	35	B
	☽⚼☉	8	7	b
	♂⚺♃	9	9	
18	♀☌♅	5	13	
W	☽⚼♂	0pm	22	b
	☿⊥♃	2	37	
	☽△☉	4	45	G
	☽P♀	5	2	G
	☽⚼☿	11	57	b
19	☽⚹♆	0am	3	G
TH	☽⚼♄	7	10	b
	☿P♃	7	18	
	♂⚹♅	10	5	
	☽☌♇	0pm	43	D
	☽□♃	5	12	B
	☽⚹♅	7	12	G
	☽△♂	7	46	G
	☽⚹♀	10	6	G
20	☽∠♆	5am	19	b
F	☽△☿	7	46	G
	☽△♄	0pm	29	G
	☽P♅	1	14	B
21	☽∠♅	0am	1	b
S	☿P♇	1	26	
	☽∠♀	4	59	b
	☽□☉	7	38	B
	☽⚺♆	9	47	g
	☽⚺♇	9pm	38	g
22	☽⚹♃	2am	55	G
SU	☽⚺♅	3	57	g
	☽□♂	7	47	B
	♂Q♆	10	18	
	☽⚺♀	10	48	g
	☉⚹♆	0pm	9	
	☽□☿	7	7	B
	☽P♅	7	34	B
	☽□♄	8	29	B
23	☽∠♇	0am	44	b
M	☽∠♃	6	19	b
	☽☌♆	3pm	58	D
	☽⚹☉	6	5	G
24	☽⚹♇	2am	54	G
TU	☽⚺♃	8	44	g
	☽☌♅	8	58	B
	☽⚹♂	3pm	22	G
	☿☌♄	4	4	
	☽P♀	6	16	G
	☽●♀	6	58	G
	☽∠☉	9	34	b
25	☽⚹♄	0am	41	G
W	☽⚹☿	0	50	G
	♃⚺♅	2	17	
	☽P☿	0pm	14	G
	☽∠♂	5	39	b
	☽⚺♆	6	33	g
	☽P♇	10	10	D
26	☽⚺☉	0am	5	g
TH	☽∠♄	1	32	b
	☽∠☿	1	59	b
	☽□♇	4	43	B
	☽P♃	6	57	G
	♂P♄	9	51	
	☽⚺♅	10	37	g
	☽●♃	11	2	G
	☽P♂	4pm	25	B
	☽P♄	4	47	B
	☽∠♆	6	48	b
	☽⚺♂	7	10	g
	☽⚺♀	11	21	g
27	☽⚺♄	1am	48	g
F	☽⚺☿	2	17	g
	♀Q♇	8	28	
	☽∠♅	10	35	b
	☽P☉	10	52	G
	☽⚹♆	6pm	37	G
	☿Stat	7	42	
28	☽∠♀	0am	44	b
S	☽☌☉	3	14	D
	☽△♇	4	23	G
	☽⚹♅	10	18	G
	☽⚺♃	11	19	g
	☽P☉	2pm	58	G
	♂⊥♃	4	30	
	♀⚹♄	5	49	
	☿⚹♀	7	31	
	☉△♇	8	57	
	☽☌♂	9	3	B
29	☿☌♄	1am	10	
SU	☽☌☿	1	30	G
	☽●♄	1	31	B
	☽⚹♀	1	59	G
	☽⚼♇	3	59	b
	☽P♄	7	18	B
	☽∠♃	11	19	b
	☽P♂	11	26	B
	☽P♃	2pm	48	G
	☽□♆	5	59	B
30	☽P♇	0am	52	D
M	☽⚺☉	5	59	g
	☽□♅	9	57	B
	☽⚹♃	11	36	G
	☽P☿	0pm	4	G
	☽P♀	7	27	G
	☽⚺♂	11	28	g
31	☽⚺☿	0am	38	g
TU	☽⚺♄	1	53	g
	♂P♃	3	33	
	☽□♀	5	29	B
	☽∠☉	8	2	b
	☿☌♂	2pm	37	
	☽△♆	6	42	G

APRIL				
1 W	☽∠☿	0am	44	b
	☽∠♂	1	38	b
	☽∠♄	2	58	b
	☽☍♇	4	55	B
	☽✱☉	10	59	G
	☽△♅	11	36	G
	☽□♃	2pm	3	B
	☽⚼♆	8	9	b
	☉✱♅	8	16	
	☽P♅	11	23	B
2 TH	☽✱☿	1am	26	G
	☽✱♂	4	47	G
	☽✱♄	4	55	G
	♂☌♄	7	30	
	☽△♀	0pm	22	G
	☽⚼♅	1	42	b
	☿⊥♃	4	9	
3 F	♂⚼♇	2	30	
	☽⚼♀	5	38	b
	☉⊻♃	6	52	
	☽△♃	8	13	G
	☽□☉	8	18	B
	☉Q♆	9	8	
4 S	☽□☿	4am	59	B
	☽P♅	11	35	B
	☽□♄	11	50	B
	☽⚼♇	1pm	7	b
	☽□♂	2	34	B
5 SU	☽⚼♃	0am	52	b
	♂Q♅	1	30	
	☽☍♆	6	17	B
	☿P♇	2pm	47	
	☽△♇	5	46	G
6 M	☿P♂	0am	26	
	☽☍♅	1	53	B
	☽△☉	10	28	G
	☽△☿	11	18	G
	♂P♇	3pm	38	
	☉☌☿	4	35	
	☽△♄	10	31	G
7 TU	☉P♄	0am	39	
	☽△♂	4	40	G
	☿∠♀	8	17	
	☽P♀	2pm	31	G
	☽⚼☿	3	17	b
	☉P♃	3	29	
	☽☍♀	4	27	B
	☽⚼☉	6	57	b
	☽P♂	7	42	B
	☽P♇	10	9	D
8 W	♀⊻♆	3am	2	
	☽⚼♄	4	51	b
	☽□♇	5	11	B
	☽P☿	7	28	G
	☽⚼♂	0pm	48	b
	☽P☉	1	19	G
	☽P♃	4	12	G
	☽P♄	4	40	B
	☽☍♃	7	30	B
	☿⊻♃	9	5	
	♀P☿	10	42	
	☽⚼♆	11	39	b
9 TH	♃P♄	5am	4	
	☉P☿	8	41	
	♄⚼♇	9	39	
	☽⚼♅	8pm	18	b
10	☿Q♆	2am	45	
F	☽△♆	6	9	G
	☿P♄	4pm	39	
	☽✱♇	5	57	G
11 S	☽△♅	2am	52	G
	☿P♃	3	7	
	☽☍☿	4	55	B
	♀P♇	4	56	
	☉⊥♃	3pm	47	
	☽⚼♀	8	32	b
	☽☍☉	10	23	B
12 SU	☽∠♇	0am	21	b
	☽☍♄	1	6	B
	☽P☿	3	40	G
	☽P♃	6	32	G
	☿⊥♀	8	34	
	☽P♄	9	14	B
	☽☍♀	2pm	15	B
	☿✱♅	4	7	
	☽⚼♃	4	29	b
	☽□♆	7	2	B
	☉⚼♇	9	38	
	☉P♀	10	16	
	☽P♀	10	36	G
	☽P☉	10	40	G
13 M	☽P♇	2am	23	D
	☽△♀	5	48	G
	☽⊻♇	6	34	g
	☉☌♄	11	41	
	♀□♇	2pm	13	
	☽□♅	3	36	B
	☽P♂	5	23	B
	♀⊥♆	8	38	
	☽△♃	11	10	G
14 TU	♀∠♄	5am	27	
	☉P♇	8	32	
	☉Q♅	10	54	
	♂∠♃	3pm	36	
	☽⚼☿	7	9	b
15 W	☽✱♆	6am	56	G
	♂±♇	8	42	
	☽☌♇	6pm	3	D
	♂□♆	7	36	
	☽⚼♄	7	51	b
	☽□♀	11	7	B
	☽△☿	11	40	G
16 TH	☽⚼☉	0am	6	b
	☽✱♅	3	4	G
	☿⊻♀	4	3	
	☽□♃	11	19	B
	☽P♅	11	28	B
	☽∠♆	0pm	16	b
	☽⚼♂	1	19	b
17 F	☽△♄	1am	14	G
	☽△☉	7	32	G
	☽∠♅	8	4	b
	☽⊻♆	5pm	3	g
	☽△♂	7	50	G
	♀⊻♅	9	9	
	♀P♄	11	53	
18 S	☽⊻♇	3am	36	g
	☽□☿	7	52	B
	☽⊻♅	0pm	25	g
	☽✱♀	1	48	G
	☽✱♃	9	8	G
	♃∠♆	9	28	
19 SU	☽∠♇	7am	22	b
	☽□♄	9	59	B
	☽P♅	10	16	B
	☽∠♀	7pm	47	b
	☽□☉	7	53	B
20 M	☽☌♆	0am	29	D
	☽∠♃	0	53	b
	☽□♂	6	19	B
	☉∠♀	6	23	
	☿Stat	7	32	
	☽✱♇	10	20	G
	☽✱☿	2pm	10	G
	☽☌♅	6	50	B
21 TU	☽⊻♀	0am	43	g
	☽⊻♃	3	46	g
	☽P♂	6	38	B
	☽✱♄	3pm	31	G
	☽∠☿	4	22	b
	☽P☉	4	52	G
	☉±♇	10	21	
22 W	♀P♃	1am	52	
	☽✱☉	4	12	G
	☽⊻♆	4	41	g
	♀∠♆	5	23	
	☽P♇	9	27	D
	☉□♆	11	10	
	♄Q♅	11	36	
	☽✱♂	0pm	57	G
	☽□♇	1	51	B
	☽∠♄	5	3	b
	☽⊻☿	5	55	g
	☽P♄	8	29	B
	☽⊻♅	9	59	g
	♀☌♃	11	13	
23 TH	☽∠♆	5am	37	b
	♂∇♇	5	47	
	☽P♃	6	1	G
	☽∠☉	6	55	b
	☽•♃	7	3	G
	☽•♀	7	34	G
	☽P♀	7	58	G
	☉∠♃	9	21	
	♀⊥♅	11	33	
	♀⊥♄	2pm	8	
	☽∠♂	2	58	b
	☽⊻♄	5	52	g
	☽P☿	10	7	G
	☽∠♅	10	30	b
24 F	☽✱♆	5am	56	G
	☽⊻☉	8	54	g
	☽△♇	2pm	35	G
	☽⊻♂	4	20	g
	☽•☿	7	30	G
	☽✱♅	10	31	G
	☽P☿	11	15	G
25 S	☽⊻♃	7am	51	g
	☽P♀	9	22	G
	☽⊻♀	11	29	g
	☽P♃	2pm	13	G
	☽⚼♇	2	21	b
	☽☌♄	6	5	B
	♃⊥♅	11	51	
26 SU	☽P♄	1am	5	B
	☽□♆	5	32	B
	☽∠♃	7	51	b
	☽P♇	10	39	D
	☽☌☉	11	41	D
	☽∠♀	1pm	2	b
	☽☌♂	6	13	B
	☽⊻☿	8	21	g
	☽□♅	10	1	B
27 M	☽✱♃	7am	58	G
	☽✱♀	2pm	47	G
	☽P☉	3	33	G
	☽⊻♄	6	6	g
	☽∠☿	9	13	b
	☉∇♇	10	56	
28 TU	☽P♂	0am	21	B
	☽△♆	5	25	G
	☽☍♇	2pm	4	B
	☽⊻☉	3	10	g
	☿✱♅	5	27	
	☽∠♄	6	42	b
	☽⊻♂	9	6	g
	☽△♅	10	33	G
	☽✱☿	10	46	G
29 W	☽P♅	3am	26	B
	☽⚼♆	6	8	b
	☽□♃	9	36	B
	♀⊻♄	4pm	28	
	☿P♀	4	39	
	☽∠☉	6	2	b
	☽✱♄	8	4	G
	☽□♀	8	20	B
	☽∠♂	11	43	b
	☽⚼♅	11	50	b
30 TH	♂□♅	2am	13	
	☽✱☉	10pm	3	G
	☿Q♆	10	41	
MAY				
1 F	☽✱♂	3am	27	G
	♃⊥♄	4	35	
	☽□☿	5	13	B
	☽△♃	2pm	45	G
	♀∠♅	4	48	
	☽⚼♇	7	44	b
2 S	☽P♅	1am	31	B
	☽□♄	1	48	B
	☽△♀	6	37	G
	☽☍♆	1pm	52	B
	☽⚼♃	6	59	b
	☽P♂	8	36	B
	☽△♇	11	41	G
3 SU	☽P☉	2am	54	G
	☉□♅	7	5	
	☽☍♅	9	50	B
	☽□☉	10	4	B
	☽⚼♀	1pm	51	B
	☽□♂	2	43	B
	☽△☿	5	17	G
4 M	♆Stat	10am	47	
	☽△♄	11	49	G
	♀∠♂	3pm	18	
5 TU	☽⚼☿	1am	21	b
	☽P♇	6	44	D
	☽□♇	10	21	B
	☽P♄	3pm	36	B
	♀✱♆	5	21	
	☽⚼♄	6	4	b
6 W	☽△☉	2am	39	G
	☽△♂	6	9	G
	☽⚼♆	6	14	b
	☿P♃	9	38	
	☽P☿	1pm	4	G
	☽☍♃	1	11	B
	☽P♃	1	29	G
7 TH	☽⚼♅	3am	38	b
	☽⚼☉	11	49	b
	☽△♆	0pm	42	G
	☽⚼♂	2	37	b
	☽P♀	5	0	G
	☽☍♀	5	19	B
	☽P♀	9	54	G
	☿⊻♃	10	5	
	☽✱♇	11	2	G
8 F	☽△♅	10am	10	G
	☽P♃	11pm	48	G
9 S	☿⚼♇	2am	32	
	☽∠♇	5	25	b
	☽☍☿	5	45	B
	☽P☿	8	45	G
	♂P♅	0pm	16	
	☽☍♄	2	19	B
10 SU	☽P♄	0am	2	B
	☽□♆	1	30	B
	♀△♇	3	37	
	☽P♇	7	29	D
	☉P♅	8	58	
	☽⚼♃	9	48	b
	☽⊻♇	11	34	g
	☽□♅	10pm	40	B
11 M	☿Q♅	4am	2	
	☽☍☉	2pm	29	B
	☽☍♂	3	7	B
	☽△♃	4	5	G
	☽⚼♀	9	19	b
12 TU	♂✱♃	0	29	
	☽✱♆	1	0	G
	☉✱♃	2	43	
	☉☌♂	7	42	
	☿☌♄	9	57	
	☽☌♇	10	40	D
13 W	☽△♀	5am	37	G
	☽⚼♄	8	16	b
	☽⚼☿	9	24	b
	☽✱♅	9	35	G
	☿⊥♃	0pm	47	
	☽P♅	1	14	B
	☉P♂	3	56	
	☽∠♆	6	5	b
14 TH	☽□♃	3am	17	B
	☿P♄	9	10	
	☽P♂	9	42	B
	☽P☉	11	29	G
	☽△♄	1pm	19	G
	☽∠♅	2	21	b
	☽△☿	5	42	G
	☽⊻♆	10	41	g
15 F	♀✱♅	0am	42	
	☽⊻♇	7	57	g
	☽⚼♂	11	13	b
	☽P☉	11	43	G
	☽⚼☉	0pm	31	b
	☽P♂	3	40	B
	☽⊻♅	6	38	g
	☿±♇	7	24	
	☽□♀	8	23	B
	☿P♇	10	49	
16 S	♀Q♆	5am	44	
	☽∠♇	11	50	b
	☽✱♃	0pm	27	G
	♀P♃	1	13	
	☿□♆	1	21	
	☽△♂	4	44	G
	☽△☉	6	37	G
	☽P♅	8	44	B
	☽□♄	9	53	B
17 SU	☽☌♆	6am	22	D
	☽□☿	8	33	B
	☉P♆	11	39	

	♅ Stat	2pm	56	
	☽✱♇	3	11	G
	☽∠♃	4	11	b
18	☽☌♅	1am	33	B
M	☽✱♀	8	21	G
	♂P♆	11	30	
	☽⚺♃	7pm	17	g
	☉⚺♄	8	41	
19	☽□♂	1am	42	B
TU	☽✱♄	4	6	G
	☽□☉	4	35	B
	☽P☿	6	29	G
	☽⚺♆	11	43	g
	☽∠♀	1pm	9	b
	☿⚻♇	4	25	
	☽P♇	6	47	D
	☽□♇	8	3	B
	☽✱☿	8	32	G
	☽P♄	10	31	B
20	☽⚺♅	6am	2	g
W	☽∠♄	6	14	b
	☿∠♃	7	57	
	☽∠♆	1pm	26	b
	☽P♀	2	40	G
	☽⚺♀	5	7	g
	☽•♃	11	31	G
21	☽P♃	1am	11	G
TH	☽∠☿	1	19	b
	☽∠♅	7	20	b
	☽✱♂	7	44	G
	☽⚺♄	7	44	g
	♂⚺♄	7	44	
	☽✱☉	11	27	G
	☽✱♆	2pm	33	G
	☽△♇	10	27	G
22	☽⚺☿	5am	24	g
F	☽✱♅	8	5	G
	☽∠♂	9	45	b
	☽∠☉	1pm	52	b
	☽P♃	2	58	G
	♀⚼♇	10	33	
	☽⚼♇	10	54	b
	☽☌♀	10	56	G
23	☽⚺♃	1am	26	g
S	☿□♅	4	27	
	☽P♀	7	31	G
	☽☌♄	9	13	B
	☉△♆	9	41	
	☽⚺♂	11	19	g
	☽□♆	3pm	26	B
	☽⚺☉	3	50	g
	☽P♄	5	45	B
	☽P♇	8	21	D
24	☽∠♃	1am	52	b
SU	☽□♅	8	35	B
	♀⚺♃	11	22	
	☽☌☿	0pm	19	G
25	☽✱♃	2am	15	G
M	☽⚺♀	3	20	g
	☽⚺♄	9	54	g
	♀Q♅	10	19	
	☽P☿	10	39	G
	☽☌♂	2pm	4	B
	☽△♆	3	44	G
	☽☌☉	7	32	D
	♀⊥♂	8	29	
	☉⊥♄	10	22	
	☽☍♇	11	24	B
26	☽∠♀	5am	47	b

TU	☽△♅	9	9	G
	☽∠♄	10	32	b
	☽P♅	0pm	11	B
	☽⚼♆	4	16	b
	☽⚺☿	7	57	g
27	♂△♆	0am	11	
W	☽□♃	3	53	B
	☽✱♀	8	51	G
	☽⚼♅	10	5	b
	☽✱♄	11	43	G
	☉Q♃	1pm	38	
	☽⚺♂	6	20	g
28	☽⚺☉	1am	7	g
TH	☽∠☿	1	7	b
	☉☍♇	5	14	
	♀P♄	7	44	
	☽∠♂	9pm	46	b
	♀☌♄	11	25	
29	♀P♇	0am	13	
F	☽⚼♇	3	37	b
	☽∠☉	5	23	b
	☽✱☿	7	45	G
	☽△♃	8	22	G
	☿P♅	10	1	
	☿✱♃	0pm	13	
	☽P☿	0	45	G
	☽P♅	1	49	B
	☽□♄	4	39	B
	☽□♀	6	9	B
	☽☍♆	10	16	B
30	☽✱♂	2am	21	G
S	☽△♇	6	50	G
	♀⊥♃	9	13	
	☽✱☉	10	55	G
	☽⚼♃	0pm	7	b
	♀±♇	0	33	
	☽☍♅	6	6	B
31	♂⊥♄	7am	47	
SU	♀□♆	4pm	9	
	☿⚺♄	10	5	
	JUNE			
1	☽△♄	1am	43	G
M	☽□☿	2	24	B
	☿P♆	5	10	
	☽P♀	7	13	G
	☽△♀	8	47	G
	☽□♂	3pm	9	B
	☽□♇	4	16	B
	☽P♇	4	29	D
	☽P♄	5	16	B
2	☽□☉	1am	45	B
TU	☿△♆	6	49	
	☽⚼♄	7	38	b
	♂☍♇	9	44	
	☽⚼♆	0pm	56	b
	☽⚼♀	5	50	b
	♂Q♃	11	24	
3	☽☍♃	5am	8	B
W	☽P♃	8	23	G
	☉△♅	9	47	
	☽⚼♅	10	29	b
	☽△♆	7pm	11	G
	☿⊥♄	11	8	
4	☽△☿	3am	5	G
TH	☽✱♇	4	29	G
	☽△♂	7	18	G
	☿⚺♀	7	43	
	☿☍♇	10	47	

	♀⚻♇	1pm	15	
	☽△♅	4	53	G
	☿Q♃	6	30	
	♄P♇	7	36	
	☽△☉	7	40	G
	☽P♃	9	51	G
5	☽∠♇	10am	52	b
F	☿☌♂	11	40	
	☉∠♄	11	46	
	☽⚼♂	3pm	39	b
	☽⚼☿	4	14	b
6	☽☍♄	3am	28	B
S	☿P♂	3	54	
	☽⚼☉	4	42	b
	☽□♆	7	53	B
	☽P♇	2pm	33	D
	☽P♄	2	59	B
	☽⚺♇	5	1	g
	☽☍♀	10	44	B
7	☽⚼♃	1am	4	b
SU	☽□♅	5	16	B
	☿△♅	6	20	
	☉P☿	0pm	45	
	☽P♀	7	19	G
	☉⚼♆	7	51	
	♀⚺♂	9	28	
8	♀∠♃	1am	9	
M	☽△♃	7	0	G
	☿∠♄	7	59	
	☽✱♆	7pm	9	G
9	☽☌♇	3am	55	D
TU	☿⚼♆	5	1	
	☽☍♂	1pm	57	B
	☽✱♅	3	46	G
	♀□♅	4	59	
	☽P♅	8	20	B
	☽⚼♄	8	36	b
	☽∠♆	11	57	b
10	☽☍☿	3am	59	B
W	☽☍☉	4	18	B
	☿⊥♀	6	56	
	☉☌☿	6	57	
	☉⊥♀	7	0	
	☽□♃	5pm	8	B
	☽∠♅	8	10	b
	♂△♅	9	46	
	☽⚼♀	10	57	b
11	☽△♄	1am	10	G
TH	☽⚺♆	4	12	g
	☽⚺♇	0pm	36	g
12	☽⚺♅	0am	3	g
F	☽△♀	5	35	G
	♄±♇	5	42	
	☽∠♇	4pm	11	b
13	☽✱♃	1am	3	G
S	☽P♅	3	39	B
	☽⚼♂	6	31	b
	☿±♆	6	33	
	☽□♄	8	46	B
	☽☌♆	11	14	D
	☿□♃	11	16	
	☽✱♇	7pm	19	G
	☽⚼☉	9	53	b
14	☿⚼♅	1am	8	
SU	☽∠♃	4	19	b
	☽P♀	6	19	G
	☽☌♅	6	25	B
	☽⚼☿	7	27	b
	☽△♂	10	57	G

	☽□♀	5pm	3	B
15	☽△☉	2am	38	G
M	☽⚺♃	7	9	g
	♂∠♄	7	47	
	☿✱♄	0pm	13	
	☽✱♄	2	35	G
	☽△☿	3	0	G
	☽⚺♆	4	32	g
	☽P♄	11	55	B
16	☽□♇	0am	21	B
TU	☿⚻♆	0	42	
	☽P♇	2	7	D
	☽⚺♅	11	8	g
	☽∠♄	4pm	52	b
	☽□♂	6	22	B
	☽∠♆	6	34	b
	♂⚼♆	10	15	
17	☉±♆	1am	35	
W	☽✱♀	2	22	G
	☽□☉	10	38	B
	☽•♃	11	33	G
	☽∠♅	0pm	54	b
	☽P♃	3	16	G
	☽⚺♄	6	45	g
	☽✱♆	8	13	G
18	☉□♃	1am	34	
TH	☿⚻♇	3	17	
	☽△♇	3	48	G
	☽□☿	3	53	B
	☿±♅	5	45	
	☽∠♀	6	16	b
	☽✱♅	2pm	16	G
	☽P♃	4	37	G
	☉⚼♅	7	6	
	☽✱♂	11	58	G
19	☽⚼♇	4am	59	b
F	☽⚺♀	9	43	g
	☽⚺♃	2pm	26	g
	☿∠♀	3	26	
	☽✱☉	4	48	G
	☽☌♄	9	26	B
	☽□♆	10	29	B
20	☽∠♂	2am	14	b
S	☽P♇	4	53	D
	☽P♄	7	41	B
	☉P♂	11	55	
	☽✱☿	2pm	16	G
	☽∠♃	3	28	b
	☽□♅	4	10	B
	☽∠☉	7	25	b
21	☿±♇	1am	23	
SU	☿⚻♅	3	58	
	☽⚺♂	4	17	g
	☿Q♄	2pm	24	
	☽☌♀	3	50	G
	☽✱♃	4	24	G
	☽∠☿	6	58	b
	☽⚺☉	9	57	g
	♀✱♃	11	14	
	☽⚺♄	11	22	g
	♀P♅	11	30	
22	☽△♆	0am	3	G
M	☽☍♇	7	26	B
	☽△♅	5pm	45	G
	☉✱♄	9	18	
	☽⚺☿	11	46	g
	☽P♅	11	49	B
23	☽∠♄	0am	28	b
TU	☽⚼♆	0	59	b

	☽P♀	5	4	G
	☉⚻♆	5	7	
	☽☌♂	8	38	B
	☽□♃	6pm	46	B
	☽⚼♅	6	55	b
	☽⚺♀	10	28	g
24	☽✱♄	1am	56	G
W	☽☌☉	3	50	D
	♃∠♅	3pm	34	
25	☽∠♀	2am	43	b
TH	☽P♀	5	54	G
	☽☌☿	11	3	G
	☽⚼♇	11	57	b
	☽⚺♂	2pm	59	g
	☿P♂	4	41	
	☿⚼♇	5	38	
	♀⚺♄	6	22	
	♀△♆	6	43	
	♄□♆	10	27	
	☽P♅	11	0	B
	☽△♃	11	11	G
26	☽☍♆	6am	44	B
F	☽□♄	6	48	B
	☽✱♀	7	56	G
	☽⚺☉	0pm	35	g
	☽△♇	2	49	G
	☽∠♂	7	30	b
	☉P☿	9	52	
27	☽☍♅	2am	10	B
S	☽⚼♃	2	37	b
	☿⚺♂	8	51	
	☽∠☉	6pm	35	b
	☉⚻♇	6	36	
	☉±♅	11	12	
28	☽✱♂	1am	5	G
SU	☽⚺☿	2	40	g
	♀P♆	8	26	
	☽△♄	3pm	11	G
	☽P♄	9	42	B
	☽□♀	9	59	B
	☽□♇	11	16	B
29	☽✱☉	1am	44	G
M	☽P♇	2	23	D
	♀☍♇	11	6	
	☿△♃	11	35	
	☽∠☿	0pm	20	b
	♂±♆	2	39	
	☽⚼♆	7	55	b
	☽⚼♄	8	42	b
30	☽□♂	3	15	B
TU	☽⚼♅	5	4	b
	☽☍♃	6	13	B
	☽✱☿	10	57	G
	☽P♃	11	15	G
	JULY			
1	☽△♆	1am	50	G
W	♀⊥♄	3	53	
	☽✱♇	10	50	G
	☽△♀	4pm	14	G
	☽□☉	6	43	B
	☿☍♆	8	2	
	♂⚼♅	9	46	
	☽△♅	11	15	G
2	☽P♃	1am	27	G
TH	☿□♄	5	22	
	♀Q♃	3pm	54	
	☽∠♇	5	9	b
	♂□♃	11	18	

3	☽⚼♀	2am 1	b
F	☽△♂	7 34	G
	☿ P ♀	0pm 27	
	☽□♆	2 23	B
	☿⊥♂	2 55	
	☽☍♄	3 56	B
	☽□☿	8 50	B
	☉±♇	10 16	
	☽⚺♇	11 23	g
	☽P♇	11 31	D
4	☉⚻♅	1am 26	
S	☽P♄	5 8	B
	☽□♅	11 38	B
	♀△♅	0pm 21	
	☽△☉	0 32	G
	☽⚼♃	1 23	b
	☽⚼♂	3 30	b
	☿△♇	4 50	
5	☽△♃	7 8	G
SU	☽⚼☉	8 42	b
	☿ P ♆	9 17	
6	☽✱♆	1am 49	G
M	☉⚺♀	9 14	
	☽☌♇	10 30	D
	☉Q♄	0pm 57	
	☽△☿	4 3	G
	☽✱♅	10 11	G
7	☽☍♀	4am 25	B
TU	☽∠♆	6 35	b
	☽⚼♄	8 41	b
	☽P♅	8 41	B
	☽P☿	9pm 24	G
	☽⚼☿	11 58	b
8	☽∠♅	2am 26	b
W	♀⚼♆	2 57	
	♂⚻♆	3 17	
	☽□♃	4 33	B
	☽⚺♆	10 39	g
	☽☍♂	11 4	B
	☽△♄	0pm 53	G
	☽⚺♇	6 56	g
	☿☍♅	11 14	
9	☿ P ♅	3am 4	
TH	♀∠♄	3 48	
	☽⚺♅	6 0	g
	☽☍☉	4pm 1	B
	☿⚼♃	9 45	
	☽∠♇	10 10	b
10	♂✱♄	1am 17	
F	☽P♅	8 12	B
	☽✱♃	11 15	G
	☽☌♆	4pm 52	D
	☽□♄	7 21	B
	☽P☿	8 12	G
	☽⚼♀	10 59	b
11	☽✱♇	0am 51	G
S	☽☌♅	11 26	B
	☽∠♃	1pm 47	b
	☽☍☿	5 41	B
	☉P♀	8 57	
	☽⚼♂	11 55	b
12	☽△♀	3am 48	G
SU	☽⚺♃	3pm 56	g
	☽⚺♆	9 13	g
	☽✱♄	11 57	G
13	☽P♄	2am 55	B
M	☽△♂	3 14	G
	☉⚼♇	4 29	
	☽□♇	5 1	B

	☽⚼☉	5 4	b
	☽P♇	8 30	D
	☽⚺♅	3pm 17	g
	☽∠♆	10 56	b
14	☽∠♄	1am 48	b
TU	☽△☉	8 38	G
	☽□♀	0pm 16	B
	♂±♅	2 8	
	♂⚻♇	3 37	
	☽∠♅	4 50	b
	☽•♃	7 25	G
	☽P♃	11 57	G
15	☽✱♆	0am 28	G
W	☽⚺♄	3 28	g
	☽⚼☿	5 49	b
	☽△♇	8 12	G
	☽□♂	9 3	B
	♀±♆	11 25	
	☽✱♅	6pm 15	G
	☽P♃	8 50	G
16	☽△☿	9am 11	G
TH	☽⚼♇	9 35	b
	☽□☉	3pm 13	B
	♀⚼♅	4 32	
	☽✱♀	7 51	G
	☽⚺♃	10 16	g
17	☽□♆	3am 10	B
F	☽☌♄	6 25	B
	☽P♇	0pm 9	D
	☽✱♂	2 18	G
	☽P♄	5 59	B
	☽□♅	8 50	B
	☽∠♀	11 32	b
	☽∠♃	11 37	b
18	♀□♃	0am 35	
S	♃Stat	1 49	
	☿±♃	5 42	
	☽P☿	1pm 32	G
	☽□☿	3 27	B
	☽∠♂	4 55	b
	☽✱☉	9 36	G
19	☽✱♃	1am 0	G
SU	☽⚺♀	3 17	g
	☽△♆	5 49	G
	☽⚺♄	9 22	g
	☽☍♇	1pm 39	B
	☽⚺♂	7 40	g
	☽△♅	11 35	G
20	☽∠☉	0am 58	b
M	☽⚼♆	7 21	b
	♀⚻♆	8 34	
	☽∠♄	11 4	b
	☽P♅	0pm 42	B
	☽✱☿	9 45	G
	☉△♃	11 49	
21	☽⚼♅	1am 17	b
TU	☽□♃	4 19	B
	☽⚺☉	4 39	g
	☽☌♀	11 34	G
	☽✱♄	1pm 4	G
22	☽∠☿	1am 16	b
W	☽☌♂	2 7	B
	♀✱♄	5 13	
	☽⚼♇	7pm 40	b
23	♂⚻♅	2am 13	
TH	☽P♅	3 49	B
	☽⚺☿	5 14	g
	☽△♃	9 13	G
	♂±♇	10 46	

	☽☌☉	1pm 44	D
	☽☍♆	2 13	B
	☽□♄	6 34	B
	☉☍♆	8 20	
	☽⚺♀	10 12	g
	♀±♅	10 23	
	☽△♇	10 42	G
24	♀⚻♇	3am 35	
F	☽☍♅	9 12	B
	☽⚺♂	10 58	g
	☽⚼♃	0pm 35	b
25	☽∠♀	4am 51	b
S	☿ P ♄	9 23	
	☉P♆	10 2	
	☽☌☿	2pm 56	G
	☽∠♂	4 38	b
26	☽⚺☉	2am 8	g
SU	☽△♄	2 48	G
	☽P♄	4 10	B
	☽P☿	6 18	G
	☽□♇	6 57	B
	☽P♇	11 5	D
	☉□♄	11 5	
	☽✱♀	0pm 32	G
	☽✱♂	11 11	G
27	☽⚼♆	2am 54	b
M	☽⚼♄	8 2	b
	☽∠☉	9 46	b
	☽⚼♅	11pm 18	b
28	☿⚻♃	2am 40	
TU	☽☍♃	3 2	B
	☽⚺☿	3 3	g
	☽P♃	8 14	G
	☽△♆	8 32	G
	☿ P ♇	0pm 29	
	☉△♇	4 16	
	♀⚻♅	5 48	
	☽✱♇	6 1	G
	☽✱☉	6 11	G
29	♀±♇	1am 41	
W	☽△♅	5 15	G
	☽□♀	6 35	B
	♂Q♄	8 46	
	☽∠☿	9 38	b
	☽P♃	10 40	G
	☽□♂	2pm 26	B
30	☽∠♇	0am 15	b
TH	☿∠♀	2pm 48	
	☽✱☿	4 13	G
	☽□♆	8 55	B
31	☿Stat	2am 28	
F	☽☍♄	2 39	B
	☽P☿	4 56	G
	☽⚺♇	6 35	g
	☽P♇	9 23	D
	☽□☉	0pm 5	B
	☽P♄	4 44	B
	☽□♅	5 41	B
	☉P♅	8 3	
	☽⚼♃	9 27	b
AUGUST			
1	☽△♀	2am 3	G
S	☽△♂	6 33	G
	♀Q♄	10 13	
2	☽△♃	3 14	G
SU	☽□☿	4 1	B
	☽✱♆	8 49	G
	☽⚼♀	11 9	b

	☽⚼♂	1pm 58	b
	☽☌♇	6 16	D
3	☽△☉	4am 36	G
M	☽✱♅	4 48	G
	☉☍♅	7 12	
	☽P☉	0pm 21	G
	☽∠♆	1 53	b
	☽⚼♄	7 39	b
4	☽P♅	0am 30	B
TU	☿⚻♃	1 41	
	☽∠♅	9 18	b
	☽⚼☉	11 30	b
	☽△☿	0pm 30	G
	☽□♃	0 45	B
	☽⚺♆	6 8	g
	♀☌♂	9 30	
	☽△♄	11 50	G
5	♃⊥♄	3am 0	
W	☽⚺♇	3 10	g
	☉⚼♃	3 23	
	♀⚼♇	10 41	
	☽⚺♅	0pm 58	g
	☽⚼☿	3 17	b
	☿⊥♀	8 49	
	♂⚼♇	9 52	
6	☽∠♇	6am 22	b
TH	☽☍♂	6 48	B
	☿⊥♂	8 3	
	☽☍♀	8 20	B
	☽P♅	11 33	B
	☽✱♃	6pm 59	G
7	☽☌♆	0am 12	D
F	☽□♄	5 46	B
	☽✱♇	8 49	G
	☽P☉	11 49	G
	☽☌♅	5pm 58	B
	☽∠♃	9 1	b
8	☽☍☉	2am 10	B
S	☽☍☿	6pm 47	B
	☽⚺♃	10 29	g
9	☽⚺♆	3am 38	g
SU	☿⚺♀	3 47	
	☽✱♄	9 7	G
	☽P♄	9 31	B
	☽□♇	0pm 0	B
	☽P♇	3 22	D
	☽⚼♂	4 9	b
	☽P☿	6 27	G
	☽⚺♅	8 43	g
	☽⚼♀	9 4	b
10	☽∠♆	4am 44	b
M	☽∠♄	10 13	b
	☽△♂	6pm 22	G
	☿⚺♂	8 45	
	☽∠♅	9 38	b
11	☽△♀	0am 22	G
TU	☽•♃	0 25	G
	♀△♃	0 56	
	☽P♃	4 18	G
	☽✱♆	5 39	G
	☽⚼☉	11 7	b
	☽⚺♄	11 10	g
	☽△♇	1pm 58	G
	☽⚼☿	6 12	b
	☿ P ♇	8 20	
	☽✱♅	10 29	G
12	☽P♃	5am 57	G
W	☽△☉	1pm 49	G
	☽⚼♇	2 53	b

	☽△☿	5 48	G
	☽□♂	10 34	B
13	☽⚺♃	2am 1	g
TH	☽□♀	6 52	B
	☽□♆	7 28	B
	☽☌♄	1pm 8	B
	♀☍♆	1 45	
	☽P♇	7 7	D
	☉±♃	9 13	
	☽P☿	11 16	G
	☉☌☿	11 48	
14	☽□♅	0am 25	B
F	☽P♄	0 47	B
	☽∠♃	3 1	b
	☿±♃	3 28	
	☿ P ♄	3pm 22	
	☽□☿	5 26	B
	☽□☉	7 48	B
15	☽P☉	2am 57	G
S	☽✱♂	3 31	G
	☽✱♃	4 18	G
	☽△♆	10 4	G
	☽✱♀	2pm 23	G
	☽⚺♄	3 59	g
	♂△♃	6 30	
	☽☍♇	6 51	B
	♄Stat	7 8	
16	☽△♅	3am 25	G
SU	♇Stat	6 10	
	☽∠♂	6 33	b
	♀□♄	8 36	
	☽⚼♆	11 54	b
	♀ P ♆	0pm 31	
	☽∠♄	5 57	b
	☽✱☿	6 20	G
	☽∠♀	6 51	b
17	☽P♅	1am 25	B
M	☽✱☉	3 25	G
	☽⚼♅	5 29	b
	☽□♃	7 56	B
	☽⚺♂	10 4	g
	♀△♇	5pm 19	
	☽∠☿	7 28	b
	☽✱♄	8 21	G
	☽⚺♀	11 55	g
18	☽∠☉	8am 3	b
TU	☽⚺☿	9pm 11	g
19	☽⚼♇	2am 17	b
W	☽P♅	4 35	B
	☽⚺☉	1pm 20	g
	☽△♃	1 24	G
	☉⚻♃	2 5	
	☽☌♂	6 48	B
	☽☍♆	8 9	B
20	☽□♄	2am 40	B
TH	☉P☿	5 36	
	☽△♇	5 47	G
	☽☌♀	0pm 7	G
	☽☍♅	2 42	B
	☽⚼♃	4 55	b
	♂☍♆	9 5	
21	☽☌☿	2am 38	G
F	♀☍♅	2pm 30	
	♀ P ♅	3 36	
	☽P☿	3 39	G
22	☽P☉	0am 9	G
S	☽•●	2 3	D
	☽⚺♂	6 9	g
	♀⚼♃	11 1	

	☽△♄	11	15	G
	☽P♄	0pm	6	B
	☽□♇	2	34	B
	☽P♇	5	45	D
23	☽⊻♀	3am	27	g
SU	☉⚻♆	7	49	
	☽⚼♆	9	24	b
	☽⊻☿	11	20	g
	☽∠♂	0pm	52	b
	☽⚼♄	4	26	b
	☿ Stat	10	36	
24	☽⚼♅	5am	1	b
M	☽☍♃	6	54	B
	☽P♃	10	42	G
	☽∠♀	0pm	17	b
	☽△♆	2	57	G
	☽∠☿	5	1	b
	☽⊻☉	5	44	g
	☽✱♂	8	13	G
25	☽✱♅	1am	38	G
TU	☽△♅	10	51	G
	☽✱♀	9pm	46	G
	☽✱☿	11	35	G
26	☽P♃	0am	35	G
W	☽∠☉	2	29	b
	♂□♄	7	5	
	☽∠♇	7	50	b
	☿☌♀	9pm	6	
	☉△♄	11	31	
	☉P♄	11	53	
27	☽□♆	3am	14	B
TH	☽☍♄	10	32	B
	☽✱☉	11	32	G
	☽□♂	0pm	9	B
	☽⊻♇	2	13	g
	☽P♇	6	53	D
	☽P☉	9	53	G
	☽□♅	11	19	B
28	☽P♄	0am	9	B
F	☽⚼♃	0	40	b
	☉⊻♂	8	49	
	☽□☿	2pm	38	B
	☽□♀	5	28	B
	☉□♇	8	46	
29	☉P♇	1am	20	
S	♂△♇	2	56	
	♀±♃	4	11	
	☽△♃	6	36	G
	☉±♆	9	44	
	☽P☿	1pm	33	G
	☽✱♆	3	38	G
	♂P♆	6	46	
	☽P♀	10	41	G
30	☽☌♇	2am	33	D
SU	☽△♂	3	51	G
	☽□☉	5	6	B
	☽✱♅	11	13	G
	☽∠♆	9pm	12	b
	☿±♃	9	36	
31	☽⚼♄	4am	11	b
M	☽△☿	6	14	G
	☽⚼♂	10	46	b
	☽△♀	11	28	G
	☽∠♅	4pm	16	b
	☽P♅	4	16	B
	☽□♃	4	57	B

SEPTEMBER

1	☽⊻♆	2am	1	g
TU	☽△♄	8	47	G
	☽⊻♇	0pm	30	g
	☽⚼☿	1	19	b
	☿P♀	6	22	
	☽⚼♀	6	54	b
	☽△☉	7	34	G
	☽⊻♅	8	29	g
2	☉⚻♅	7am	31	
W	♀⚻♃	2pm	36	
	☽P♅	3	8	B
	☽∠♇	4	8	b
3	☽✱♃	0am	2	G
TH	☽⚼☉	1	4	b
	☽☌♆	8	56	D
	☽□♄	3pm	12	B
	☽✱♇	6	50	G
4	☽☍♂	1am	20	B
F	☽☌♅	2	8	B
	☽∠♃	2	12	b
	☿⚻♃	1pm	17	
	♃∠♅	1	56	
	♂⚼♃	5	30	
	♂☍♅	6	0	
	☽P☿	7	1	G
	☽P♀	11	30	G
5	☽⊻♃	3am	35	g
S	☽☍☿	5	19	B
	☽☍♀	9	55	B
	☽⊻♆	0pm	20	g
	☽✱♄	6	12	G
	☽P♄	8	29	B
	☽□♇	9	47	B
	☽P♇	11	33	D
6	☽⊻♅	4am	33	g
SU	☽☍☉	11	21	B
	☽∠♆	1pm	3	b
	♀⚻♆	1	42	
	☽P☉	5	22	G
	☽∠♄	6	46	b
7	♂P♅	1am	48	
M	☽●♃	4	33	G
	☽∠♅	4	57	b
	☽P♃	6	49	G
	☽⚼♂	7	43	b
	☉⚼♆	0pm	35	
	☽✱♆	1	22	G
	☽⊻♄	7	0	g
	☿⚻♆	9	22	
	☽△♇	10	39	G
8	☽✱♅	5am	7	G
TU	☉±♅	7	28	
	☽△♂	8	59	G
	☽⚼☿	3pm	35	b
	☽⚼♀	5	54	b
	☽P♃	8	18	G
	☽⚼♇	10	50	b
9	☽P☉	4am	30	G
W	☽⊻♃	4	31	g
	♀△♄	7	48	
	☽□♆	1pm	43	B
	☽⚼☉	5	13	b
	☽△☿	7	0	G
	☽☌♄	7	17	B
	☽△♀	8	22	G
	☿△♄	9	23	
10	☽P♇	3am	19	D
TH	☽∠♃	4	39	b
	☽□♅	5	34	B
	☽P♄	5	41	B

	☽P♀	11	45	G
	☽□♂	11	47	B
	☽P☿	2pm	3	G
	☽△☉	7	30	G
	☉⚼♄	11	25	
11	☽✱♃	5am	9	G
F	☿☌♀	5	40	
	☿□♇	5	45	
	♀□♇	5	47	
	☿±♆	7	41	
	♀±♆	8	36	
	☽△♆	3pm	2	G
	☽⊻♄	8	43	g
12	☽☍♇	0am	56	B
S	☽□♀	2	45	B
	☽□☿	3	44	B
	☽△♅	7	28	G
	☽✱♂	4pm	26	G
	☽⚼♆	4	29	b
	☽P♂	5	45	B
	☉P♃	8	21	
	♀P♄	9	17	
	☽∠♄	10	16	b
	☿P♄	10	24	
13	☿P♀	0am	48	
SU	☽□☉	1	58	B
	☽□♃	7	47	B
	☿⚻♅	8	1	
	☽⚼♅	9	19	b
	☿P♇	10	21	
	☽P♅	11	51	B
	♀P♇	2pm	39	
	☽∠♂	7	52	b
14	☽✱♄	0am	29	G
M	♀⚻♅	7	27	
	☽✱♀	0pm	21	G
	☽✱☿	4	28	G
15	☽⊻♂	0am	6	g
TU	☽P♅	5	7	B
	☉⊥♂	5	19	
	☽⚼♇	8	20	b
	☽✱☉	11	48	G
	☽△♃	1pm	5	G
	☽∠♀	6	34	b
16	☽∠☿	0am	34	b
W	☽☍♆	0	59	B
	☉☍♃	3	2	
	☿⚼♆	3	21	
	☽□♄	7	0	B
	☽P♂	9	16	B
	☿±♅	11	55	
	☽△♇	0pm	12	G
	♂±♃	0	57	
	☉Q♇	3	39	
	☽⚼♃	4	45	b
	☽∠☉	6	2	b
	☽☍♅	7	5	B
17	☽⊻♀	1am	41	g
TH	☉⚼♅	7	26	
	☽⊻☿	9	44	g
	☽☌♂	10	57	B
	☿⚼♄	7pm	29	
	☿⊻♂	9	12	
18	☽⊻☉	1am	3	g
F	♀⚼♆	0pm	51	
	☽△♄	4	2	G
	☽P♄	9	34	B
	☽□♇	9	46	B
	☽P♇	10	35	D

19	♀±♅	1am	13	
S	☽⚼♆	3pm	14	b
	☽P♀	5	46	G
	☉±♄	6	13	
	☽●♀	6	16	G
	☽⚼♄	9	19	b
20	☽⊻♂	0am	27	g
SU	☽●☿	6	42	G
	☽☍♃	7	2	B
	☽P☿	7	37	G
	☿☍♃	8	39	
	☽P♃	8	51	G
	☽⚼♅	10	16	b
	☿P♃	1pm	28	
	☽☌☉	5	2	D
	☽△♆	8	57	G
	♀⚼♄	10	53	
	☿Q♇	11	31	
21	☿⚼♅	5am	36	
M	☽P☉	7	29	G
	☽∠♂	7	57	b
	☽✱♇	9	16	G
	☽P☉	3pm	51	G
	☽△♅	4	11	G
22	☽P☿	7am	6	G
TU	☿±♄	11	41	
	☽⊻♀	1pm	9	g
	☽∠♇	3	30	b
	☽✱♂	3	48	G
	☽P♃	4	21	G
	☉△♆	4	54	
	☿⊥♂	5	4	
	☽P♀	9	13	G
23	☽⊻☿	6am	0	g
W	☽□♆	9	18	B
	♄P♇	10	25	
	☽⊻☉	10	47	g
	☽☍♄	3pm	10	B
	☽⊻♇	9	56	g
	☽∠♀	11	5	b
24	☽⚼♃	0am	34	b
TH	☽P♄	3	10	B
	☿△♆	3	12	
	☽P♇	3	20	D
	☽□♅	4	43	B
	♀P♃	6	42	
	♂⚻♃	11	19	
	♀☍♃	0pm	5	
	♀⊻♂	1	1	
	☽∠☿	5	57	b
	☽∠☉	7	56	b
25	☉P☿	5am	6	
F	☽△♃	6	38	G
	☽□♂	7	55	B
	☽✱♀	9	2	G
	☉⚻♄	0pm	53	
	☿⚻♄	3	57	
	☉☌☿	7	50	
	☽✱♆	9	58	G
	♀Q♇	10	49	
	☽P♂	11	9	B
26	♀⚼♅	4am	3	
S	☽✱☉	4	56	G
	☽✱☿	5	40	G
	☽☌♇	10	39	D
	☽✱♅	5pm	9	G
27	☽∠♆	3am	58	b
SU	☽⚼♄	9	18	b
	☿✱♇	3pm	23	

	☽□♃	5	58	B
	♀±♄	8	15	
	☽∠♅	10	47	b
	☽△♂	11	2	G
28	☽P♅	2am	24	B
M	☽□♀	3	41	B
	☽⊻♆	9	24	g
	☽△♄	2pm	29	G
	☽□☉	9	11	B
	☽⊻♇	9	43	g
29	☉P♀	1am	22	
TU	☿P♀	1	46	
	☽⚼☿	2	37	B
	☉P☿	2	43	
	☽⊻♅	3	45	g
	☉✱♇	4	8	
	☽⚼♂	5	31	b
	☿△♅	10	39	
	☽P♅	10pm	12	B
30	☽∠♇	2am	5	b
W	☽✱♃	2	49	G
	☿∠♂	9	28	
	♀△♆	0pm	1	
	☽☌♆	5	50	D
	☽△♀	6	26	G
	☽□♄	10	20	B

OCTOBER

1	☽✱♇	5am	28	G
TH	☽∠♃	5	53	b
	☽△☉	9	16	G
	☽☌♅	10	56	B
	☽△☿	6pm	3	G
	☽⚼♀	11	51	b
2	☽P♂	6am	52	B
F	☉△♅	7	52	
	☽⊻♃	7	59	g
	♀⚻♄	9	49	
	☽⚼☉	1pm	27	b
	☿P♃	4	24	
	☽☍♂	6	27	B
	☽⊻♆	10	23	g
	☽⚼☿	11	29	b
3	☽✱♄	2am	20	G
S	☽P♇	8	48	D
	☽□♇	9	19	B
	☽P♄	10	52	B
	☽⊻♅	2pm	16	g
	☽∠♆	11	19	b
4	♀⊥♂	2am	16	
SU	☽∠♄	3	2	b
	☽P☿	5	3	G
	☽●♃	9	37	G
	☽P♃	10	33	G
	☽P☉	2pm	5	G
	☽∠♅	2	44	b
	☽✱♆	11	34	G
5	☽⊻♄	3am	6	g
M	☽P♀	7	37	G
	☽☍♀	9	19	B
	☽△♇	10	3	G
	☽✱♅	2pm	40	G
	☽P♀	4	53	G
	♀✱♇	6	23	
	☽☍☉	8	12	B
	☽⚼♂	10	49	b
6	☿⚻♃	5am	41	
TU	☽⊻♃	9	0	g
	☽☍☿	9	25	B

	☽⚼♇	9	48	b
	♂∇♆	0pm	37	
	☿∠♇	0	52	
	☽P☉	0	59	G
	☽P♃	1	10	G
	☉P♃	3	33	
	☽□♆	11	0	B
	☽△♂	11	26	G
7	☽☌♄	2am	15	B
W	☽P☿	5	29	G
	☽∠♃	8	27	b
	☽P♄	10	58	B
	☽P♇	1pm	46	D
	☽□♅	1	56	B
8	♀△♅	1am	36	
TH	☽P♂	5	43	B
	☽⚹♃	8	5	G
	☿P♄	2pm	45	
	☽⚼♀	2	56	b
	☽△♆	10	44	G
9	☽⚼☉	0am	34	b
F	☽□♂	1	15	B
	☽⊻♄	1	51	g
	☽☍♇	9	38	B
	☿P♇	9	47	
	☽△♅	2pm	11	G
	♂△♄	2	26	
	☿±♃	4	29	
	☽△♀	5	38	G
	☽⚼☿	6	8	b
	☽⚼♆	11	21	b
10	☉∠♂	2am	2	
S	☽∠♄	2	26	b
	☽△☉	3	4	G
	☽□♃	8	52	B
	☽⚼♅	3pm	15	b
	☽P♅	5	47	B
	☽△☿	10	37	G
11	☽⚹♄	3am	48	G
SU	☽⚹♂	5	44	G
	♆Stat	2pm	5	
	☿□♆	5	24	
12	☽□♀	2am	9	B
M	☿P♂	2	45	
	☿⊥♇	5	15	
	☽∠♂	9	29	b
	☽□☉	11	11	B
	☽P♅	0pm	0	B
	☽△♃	0	50	G
	☽⚼♇	3	16	b
	☿☍♄	6	27	
13	☽☍♆	6am	17	B
TU	☉∇♃	7	36	
	☽□♄	9	14	B
	☽□☿	11	22	B
	☽⊻♂	2pm	18	g
	☽⚼♃	4	12	b
	☽△♇	6	59	G
	☽☍♅	11	53	B
14	♀P♃	3	34	
W	☽⚹♀	3	34	G
	☉∠♇	7	23	
	☽P☿	11	50	G
	☽⚹☉	11	54	G
15	☿⚹♂	1am	20	
TH	☿⚼♃	1	26	
	☽△♄	6pm	5	G
	☽P♂	8	6	B
	☽∠♀	11	55	b

16	☽●♂	2am	47	B
F	☽P♇	2	54	D
	☿⊻♇	3	42	
	☽□♇	4	51	B
	☽⚹☿	5	0	G
	☽∠☉	7	43	b
	☽P♄	8	38	B
	♂±♆	8	59	
	☽P☉	10	21	G
	♀∇♃	1pm	8	
	☽⚼♆	8	52	b
	☽⚼♄	11	28	b
17	☽P♀	0am	47	G
S	☉P♄	1	50	
	☽☍♃	6	49	B
	☽P♃	7	40	G
	☽⊻♀	9	1	g
	☽∠☿	3pm	4	b
	☽⚼♅	3	38	b
	☽⊻☉	4	11	g
	☿□♅	7	33	
	♂□♇	10	31	
18	♀∠♇	1am	9	
SU	☽△♆	2	49	G
	♀∠♂	3	30	
	☽⚹♇	4pm	50	G
	☽⊻♂	5	45	g
	☉±♃	8	39	
	♅Stat	9	17	
	☽△♅	9	46	G
19	☽⊻☿	1am	34	g
M	☉P♇	0pm	42	
	☉P♂	6	4	
	☽∠♇	11	12	b
20	☽∠♂	1am	40	b
TU	♂P♇	2	18	
	☽☌♀	4	30	G
	☽P♃	5	45	G
	☽☌☉	10	9	D
	♄±♇	1pm	1	
	☽□♆	3	24	B
	☽☍♄	5	25	B
21	☽⚼♃	0am	53	b
W	♀±♃	0	59	
	☽P♀	1	12	G
	☽P♄	3	50	B
	☽⊻♇	5	39	g
	☽P♂	8	58	B
	☽⚹♂	9	40	G
	☽□♅	10	27	B
	☽P♇	11	3	D
	☽P☉	4pm	31	G
	♀P♄	7	34	
	☽☌☿	10	57	G
22	♂∇♅	1am	14	
TH	☽△♃	7	3	G
	♀P♂	6pm	11	
23	☽⊻♀	0am	21	g
F	☉□♆	1	1	
	☽⚹♆	4	6	G
	☽⊻☉	4	23	g
	☿Q♆	3pm	2	
	☽☌♇	6	23	D
	☉☍♄	6	49	
	☿P♅	9	48	
	☽⚹♅	10	59	G
24	☽□♂	1am	23	B
S	♀P♇	2	6	
	☉⊥♇	3	54	

	☽∠♀	9	59	b
	☽∠♆	10	13	b
	☽⚼♄	11	33	b
	♀□♆	0pm	12	
	☽∠☉	1	11	b
	☿△♃	2	26	
	☽□♃	6	58	B
	☽⊻☿	7	36	g
25	♀☍♄	0am	17	
SU	☽P♅	4	39	B
	☽∠♅	4	54	b
	♂P♄	4	58	
	♀⊥♇	10	11	
	☽⊻♆	3pm	59	g
	☽△♄	5	5	G
	☽⚹♀	7	8	G
	☽⚹☉	9	32	G
26	☽∠☿	5am	6	b
M	☽⊻♇	6	1	g
	☽⊻♅	10	21	g
	☿P♆	0pm	26	
	☽△♂	3	39	G
27	☽⚹♃	5am	18	G
TU	☉⚼♃	7	13	
	☽P♅	10	23	B
	☽∠♇	10	59	b
	☽⚹☿	1pm	39	G
	♀⚼♃	8	41	
	☽⚼♂	9	42	b
28	☽☌♆	1am	44	D
W	☽□♄	2	24	B
	☽∠♃	9	27	b
	☽□♀	10	53	B
	☽□☉	11	46	B
	☽⚹♇	3pm	10	G
	☽☌♅	7	8	B
	☿Q♂	9	45	
29	☽⊻♃	0	43	g
TH	☽P☉	7	2	G
30	☽P♀	0am	51	G
F	☽□☿	2	59	B
	☉☌♀	4	22	
	☿Q♅	7	58	
	☽⊻♆	8	4	g
	♀⊻♇	8	18	
	☽⚹♄	8	20	G
	☉⊻♇	9	21	
	☽P♇	5pm	55	D
	☽□♇	8	40	B
	☽△☉	9	30	G
	☽△♀	9	51	G
31	☽⊻♅	0am	16	g
S	☽P♄	2	5	B
	☽P♂	8	51	B
	☽☍♂	9	37	B
	☽∠♆	9	48	b
	☽∠♄	9	54	b
	♂⚼♆	1pm	57	
	♂⚼♄	3	31	
	☽●♃	4	25	G
	☽P♃	5	27	G

NOVEMBER

1	☽⚼☉	0am	37	b
SU	♀□♅	1	12	
	☽∠♅	1	26	b
	☽⚼♀	1	27	b
	♄□♆	1	34	
	♂±♅	5	47	
	☿∇♄	6	42	
	☿⚹♆	7	3	
	☽⊻♄	10	35	g
	☽⚹♆	10	39	G
	☽△☿	11	0	G
	☉□♅	0pm	44	
	☽△♇	10	31	G
2	☽⚹♅	1am	49	G
M	☽⚼☿	1pm	25	b
	☽⊻♃	4	53	g
	☽⚼♇	10	26	b
3	☽P♃	4am	17	G
TU	☽P♂	8	49	B
	☽☌♄	10	8	B
	☽□♆	10	28	B
	☽⚼♂	1pm	9	b
	☽∠♃	4	24	b
	☽P♄	5	59	B
4	☽□♅	1am	9	B
W	☽P♇	2	12	D
	☽☍☉	5	18	B
	☽☍♀	7	29	B
	☽△♂	1pm	32	G
	☽⚹♃	3	48	G
5	☽⊻♄	8am	52	g
TH	☽△♆	9	29	G
	☽P♀	0pm	8	G
	☽P☉	1	57	G
	☿±♄	4	43	
	☽☍☿	6	28	B
	☽☍♇	9	15	B
6	☽△♅	0am	23	G
F	☽∠♄	8	38	b
	☽⚼♆	9	24	b
	☽□♂	3pm	2	B
	☽□♃	3	20	B
	☽P♅	10	5	B
	♂☍♃	10	25	
7	☽⚼♅	0am	41	b
S	☿☌♇	6	22	
	♂P♃	6	28	
	☽⚹♄	9	1	G
	☽⚼☉	10	19	b
	☽⚼♀	2pm	8	b
	☉P♀	3	27	
	♀Q♆	11	53	
8	♀△♃	11am	34	
SU	☽△☉	1pm	43	G
	☽△♃	5	39	G
	☽△♀	6	16	G
	☽⚹♂	7	38	G
	☿⚹♅	11	27	
9	☽⚼♇	0am	28	b
M	☽P♅	2	2	B
	☽⚼☿	4	14	b
	☽□♄	0pm	30	B
	☽☍♆	1	52	B
	☽⚼♃	8	18	b
	♀⚹♂	9	3	
	☽P♀	10	29	G
	☽∠♂	11	38	b
10	☽P☉	0am	35	G
TU	☽△♇	3	31	G
	☉Q♆	6	0	
	☽☍♅	6	59	B
	☽△☿	9	49	G
	☉△♃	7pm	0	
11	☽□☉	0am	28	B
W	☽⊻♂	4	52	g
	☽□♀	6	44	B
	☽△♄	8pm	5	G
12	☽P♇	8am	27	D
TH	☽□♇	0pm	41	B
	☽P♄	8	40	B
13	☽□☿	0am	17	B
F	☽⚼♄	1	13	b
	☽⚼♆	3	21	b
	☽☍♃	10	16	B
	☽P♃	0pm	10	G
	☿⚼♄	0	13	
	♃Stat	1	1	
	☽⚹☉	4	3	G
	☽●♂	6	20	B
	♀P♅	8	49	
	☽P♂	9	23	B
	☽⚼♅	10	7	b
14	☽⚹♀	0am	12	G
S	♂±♄	6	51	
	☽△♆	9	21	G
	☿∠♆	9pm	21	
15	☽⚹♇	0am	44	G
SU	☽∠☉	0	59	b
	☽△♅	4	22	G
	☽∠♀	10	0	b
	♀Q♅	2pm	21	
	☽⚹☿	4	54	G
	☉P♅	8	51	
16	☽P♂	1am	45	B
M	☉⚹♂	4	51	
	☽∠♇	7	13	b
	☽⊻♂	10	0	g
	☽⊻☉	10	12	g
	♀∇♄	1pm	42	
	☽P♃	2	3	G
	☽☍♄	7	19	B
	☽⊻♀	8	1	g
	☽□♆	10	10	B
17	☽∠☿	1am	4	b
TU	♂⚼♅	3	57	
	☽⚼♃	5	8	b
	☽P♄	5	24	B
	☽⊻♇	1pm	43	g
	♀⚹♆	4	37	
	☽□♅	5	17	B
	☽∠♂	5	56	b
	☽P♇	7	1	D
	♀P♆	8	43	
18	☽⊻☿	8am	46	g
W	☽△♃	11	30	G
19	☽⚹♂	1	43	G
TH	☽☌☉	4	27	D
	☽⚹♆	10	49	G
	♂Q♇	11	17	
	☽☌♀	3pm	40	G
	☉Q♅	7	0	
20	☽☌♇	2am	15	D
F	☽⚹♅	5	42	G
	☽⚼♄	1pm	21	b
	☉∇♄	3	13	
	☽∠♆	4	48	b
	☽☌☿	10	10	G
	☽□♃	11	36	B
21	♀±♄	2am	43	
S	☽P♅	4	8	B
	☉P♆	6	47	
	☽∠♅	11	31	b
	☿Stat	11	49	
	☽□♂	4pm	23	B

	☽△♄	6	52	G	☽P♂	2	56	B	☽☐♃	7	8	b	☽∠♂	8	29	b	☽⊻♅	4	50	g
	☽⊻☉	9	31	g	☽△☿	4	24	G	☽⚹♂	9	38	G	☿P♅	10	5		☽☐☿	6	52	B
22	☽⊻Ψ	10	28	g	♀∠Ψ	8	41		☉∠Ψ	2pm	7		☽⊥Ψ	5pm	11		☽∠♄	6	58	b
SU	☉⚹♅Ψ	9am	23		☽△♀	9	42	G	☽△P	2	23	G	☽⚹♃	6	52	G	☿☐♄	8	4	
	☽⊻♀	9	54	g	☉P♀	11	54		♀∠♅	3	46	17	☽♂♀	1am	14	G	☽P♄	11	14	B
	☽⊻P	1pm	39	g	☽⊻♃	3am	29	g	☽♂♅	5	18	B TH	☽⊻♀	7	40	g 25	☽∠Ψ	2am	8	b
	☽∠♄	4	58	g	☉♂P	8	25		☽☐♀	5	27	b	☽♂♅	9	54	F	☽⚹♀	3	54	G
23	☽∠☉	5am	21	b	☽☐P	10	28	b 8	☽△☉	4am	9	G	☽♂P	10	53	D	☽⚹♃	11	22	G
M	☽⊻☿	8	22	g	☽☐☉	10	36	b TU	☽∠♂	1pm	53	b	☽⚹♅	2pm	11	G	☽P♃	5pm	7	G
	☽⚹♃	10	25	G	☽P♃	2pm	15	G 9	☽△♀	11	48	G	☽⚹♂	3	44		☽P♂	7	17	B
	♂'⊻♄	4pm	51		☽☐♀	2	51	b W	☽△♄	1am	1	G	☽☐♄	5	27	b	☽∠♅	7	28	b
	☽∠♀	6	12	b	☽♂♄	5	53	B	☽☐♂	9	25	B 18	☽∠Ψ	0am	42	b	☽⊻♄	9	27	g
	☽∠P	6	44	b	☽☐Ψ	10	0	B	♀△♄	11	52	F	☽P♅	5	11	B 26	☉P♀	2am	50	
	♀♂P	11	42						☽P♀	4pm	18	D	♀♀♃	6	38	S	☽⚹♅Ψ	4	32	G
24	☽P♅	0am	9	B	DECEMBER				☽⊻♂	7	21	g	☽☐♃	9	45	B	☽☐☉	10	46	B
TU	☽△♄	4	41	B 1	☽☐♀	0am	16	b	☽☐P	10	9	B	☽P♀	3pm	18	G	☉⊥♅	4pm	20	
	☽△♂	5	18	G TU	☽P♄	2	18	B 10	☽☐♄	5am	31	b	♀⊻P	3	29		☽△P	6	28	G
	☽♂Ψ	8	33	D	☽∠♃	3	47	b TH	☽P♄	8	23	B	☽∠♅	7	47	b	☽⚹♅	9	30	G
	☽∠☿	0pm	7	b	☿⚹♅	8	55		☽P♀	11	47	b	☽♂☉	10	42	D 27	☽△♀	4am	26	G
	☽⚹☉	0	33	G	☽☐♅	1pm	13	B	☽☐☉	5pm	54	B	☽△♄	10	50	G SU	☽♂♂	6	34	B
	☽∠♃	3	6	b	☽P♀	2	52	D	☽♂♂	7	46	B 19	☽△♄	0am	15		♂'P♃	10	18	
	☽⚹P	11	16	G	☉♂☿	3	23		☽P♃	0am	23	G S	☽⊻Ψ	6	7	g	☽☐♀	0pm	57	B
25	☽⊻♀	1am	44	G 2	☉⚹♅	0am	35		☿Stat	6	31		☽⊻♀	4pm	37	g	☽⊻♃	3	33	g
W	☽♂♅	2	25	B W	☽☐♂	1	53	b	☽☐♃	6	44	b	☽⊻P	9	41	g	☽P♃	5	12	G
	♀⚹♅	8	46		☽⚹♃	3	43	G	☽☐♀	4pm	30	B 20	☽⚹♅	0am	42		☽P♂	5	35	B
	☽☐♂	10	47	b	☽♂P	0pm	44		☽△♀	5	29	G SU	☽⊻♅	0	56	g	☽☐P	7	59	b
	☽⚹☉	2pm	53	G	☽⊻♄	5	25	g	☉☐♃	6	23		☽♂♂	0	58	G 28	☽♂♄	0am	41	B
	☽⊻♃	7	10	g	♀☐♃	8	24		☽⚹♅	7	22	G	☽☐♂	4	48	B M	☿∠Ψ	1	37	
26	☉⚹♄	5am	43		☽△Ψ	9	41	G	☽P♂	11	36	B	☽P♀	1pm	5	G	☽☐Ψ	7	38	B
TH	☽⚹♅	0pm	10	G 3	☽△♃	2am	30	G 12	♀⊻Ψ	2am	2		☽⚹♃	8	14	G	☽☐♀	8	13	b
	☽⊻Ψ	4	11	g TH	☽♂♀	8	26	B S	☽♂♂	9	12	B	☽∠♀	11	52	b	☽P♄	10	50	B
	♀∠Ψ	11	22		☿P♅	9	46		☽⚹P	10	13	B 21	☽☐P	2am	25	b	☿⚹♂	4pm	6	
27	☽☐☉	0am	23	B	☽♂P	10	13	B	☽△♃	0pm	50	G M	☽☐♄	8	18	B	☽∠♃	4	49	b
F	☽P♀	1	31	D	☽△♅	0pm	49	G	☉Q♂	2	5		☽♂♀	1pm	16	g	☽△☉	5	19	G
	☽☐P	6	10	B	☽♂☉	3	19	B	♂⚹P	4	58		☽P♅	1	22	B	♀⚹♃	9	39	
	☽⊻♅	9	6	g	☽∠♄	5	7	b	☽P♂	7	20	B	☽♂♅	3	35	D	☽P♀	11	58	B
	♂'△Ψ	9	29		☽☐Ψ	9	32	b 13	☿⚹♀	0am	11		♀P♅	4	28	29	☽P♀	1am	27	D
	♀Q♂'	10	42	4	☽☐♃	3am	30	B SU	☽∠♀	2	3	b 22	☽∠♃	0am	47	b TU	♄Stat	3pm	43	
	☽☐♀	1pm	53	B F	☽P♅	4	9	B	☽⚹☉	11	31	G TU	☽♂P	6	29		☽⚹♃	5	42	G
28	☽∠♄	2	46	b	☽♂♀	6	12	B	☽∠P	3pm	58	b	☽⚹P	6	41	G	☽△♀	7	22	G
S	☽P♄	2	53	B	☽☐♅	0pm	53	b	☽P♃	5	19	G	☽⚹☉	6	42	G	☽⚹♂	9	53	B
	☽☐☉	5	27	B	⊙☐♄	4	54		☽♂♄	11	11	B	☽♂♅	9	53	B 30	☽⊻♄	2am	6	g
	☽∠Ψ	6	48	b	☽⚹♄	5	7	G 14	☽☐Ψ	6am	12	B	☽∠♀	3pm	21	W	☽△Ψ	8	59	G
	♀☐♄	11	6		☽P♀	5	36	G M	☽⊻♀	9	29	g	☽△♂	3	46	G	☽☐♂	11	38	b
	☽♂♃	0am	56	G 5	☽☐♂	4am	31	B	☽P♄	10	28	B	☽⊻♀	3	47	g	☽☐♀	10pm	2	b
29	☽P♃	3	11	S	☽⊻☉	10	1		☽⚹♀	0pm	15	G	⊙⚹♅	7	19		☽♂P	10	7	B
SU	☽P♃	3	50	G 6	☽☐♀	4	27	b	☽☐♃	2	58	b	☽∠☉	7	39	b	♀∠P	11	0	
	☽∠♅	11	13	b SU	☽△♃	5	4	G	☽∠☉	8	48	b 23	☽⚹♄	9	51	g	⊙⚹P	11	48	
	♀♂♀	0pm	5		☽☐P	0pm	6	b	☽⊻P	10	29	W	♀⊥P	1pm	43		☽△♅	1am	6	G
	☽⊻♄	4	32	g	☿±♅	3	51		☽⊻♂	0am	50	g	♃⊥♄	3	27	31	☽∠♄	2	30	b
	☽⚹♅	8	36	G	☿P♃	6	32		♀⊥♅	1	43		☽⚹♄	3	56	G TH	☽P♃	9	26	b
	☽♂♂	9	58	B	☽☐♄	7	8	B	☽☐♅	1	50	B	☿⚹♅	7	24		☽P♅	10	36	B
	♀Q♂	10	8		☽P♅	7	15	B	☽P♄	3	53	D	☽☐♂	8	25	b	♀P♀	0pm	20	
	♀☐♄	2am	47		☽P♀	7	25	G	☽△♃	9pm	33	G	☽∠♀	10	13	b	☽△♂	0	53	G
	☽P♂	3	51	B	☽☐♀	11	17	b	☽⊻♀	10	9	b	☽⊻Ψ	10	31		☽♂♀	5	20	B
	☽△☉	8	8	G 7	☽♂Ψ	0am	21	B				24	☽⚹☉	1am	24	G	☽☐♃	7	0	B
	☽△P	9	47	G M	♀⊥Ψ	4	33					TH	☽P♀	7	33	D	⊙Q♃	7	27	
	☽⚹♅	0pm	31	G	☽△♀	4	51	G 16 W	☽⚹☉	5	53	g	☽☐P	1pm	43	B				

Note. - To obtain Local Mean Time of aspect, add the time equivalent
of the longitude if East and subtract if West.

G.M.T. AND EPHEMERIS TIME

The tabulations and times in this ephemeris are in G.M.T.

From 1960 to 1982 the tabulations were in Ephemeris Time (E.T.) but it should be pointed out that the maximum correction to phenomena or aspects using E.T. as compared with G.M.T. did not exceed 53 seconds and that any correction should be considered as negligible in normal use.

Note: The Distances Apart are in Declination

JANUARY

1	☽☌♂	1am25	3	41
1	☽☌♃	9pm07	2	28
5	☽●♄	0pm21	0	11
9	☽☍♇	8am00	6	45
10	☽☍☿	8pm45	3	48
11	♀☌♆	3am01	4	11
12	☽☍☉	5pm24	3	50
13	☽☍♀	4am15	1	34
13	☽☍♆	6am38	3	1
13	☽☍♅	10pm34	3	20
15	☽☍♂	1am33	2	40
15	☽☍♃	8am23	2	9
16	☉☌♀	11am18	5	43
19	☽☍♄	11am23	0	23
19	☉☌♆	10pm34	0	21
21	♂☌♃	4am08	0	10
23	☽☌♇	7pm30	6	42
26	☽☌☿	11pm09	4	59
27	☽☌♀	0am16	3	6
27	☿☌♀	7am47	8	7
27	☽☌♆	4pm21	2	59
28	☽☌☉	6am01	2	43
28	☽☌♅	6am57	3	16
28	☉☌♅	8pm08	0	35
29	☽☌♃	3pm54	1	51
30	☽☌♂	0am06	1	31

FEBRUARY

1	☽●♄	9pm03	0	34
2	☿☌♆	5pm53	1	55
5	☽☍♇	2pm50	6	43
8	☿☌♅	10am41	1	17
8	☽☍♀	5pm27	2	48
9	☽☍♆	3pm46	2	58
10	☽☍♅	9am01	3	12
10	☽☍☿	3pm54	4	17
11	☽☍☉	10am23	1	33
12	☽☍♃	4am49	1	34
13	☽☍♂	6am45	0	26
15	☽☍♄	11pm19	0	44
20	☽☌♇	5am18	6	44
22	☉☌☿	8am29	1	47
22	☿☌♃	8pm08	0	56
23	☉☌♃	8am51	0	49
23	☽☌♀	5pm00	1	36
24	☽☌♆	4am45	2	57
24	☽☌♅	8pm22	3	10
26	☽☌♃	1pm14	1	16
26	☽●☉	5pm26	0	14
27	☽☌☿	0am21	1	17
27	☽●♂	10pm51	0	39

MARCH

1	☽●♄	9am45	0	52
4	☽☍♇	9pm12	6	48
6	♀☌♆	7am39	3	44
8	☽☍♆	11pm18	2	56
9	☽☍♀	3am28	0	36
9	☽☍♅	5pm55	3	7
11	☿☌♂	2am48	0	54
12	☽☍♃	0am38	1	1
13	☽☍☉	4am34	1	0
14	☽☍♂	11am19	1	40
14	☽☍☿	6pm10	3	31
15	☽☍♄	0pm03	1	0
18	♀☌♅	5am13	3	12
19	☽☌♇	0pm43	6	55
23	☽☌♆	3pm58	2	52
24	☽☌♅	8am58	3	2
24	☿☌♄	4pm04	4	53
24	☽●♀	6pm58	0	5
26	☽●♃	11am02	0	44
28	☽☌☉	3am14	2	11
28	☽☌♂	9pm03	2	36
29	☿☌♄	1am10	5	12
29	☽☌☿	1am30	6	18
29	☽●♄	1am31	1	6
31	☿☌♂	2pm37	3	28

APRIL

1	☽☍♇	4am55	7	1
2	♂☌♄	7am30	1	43
5	☽☍♆	6am17	2	48
6	☽☍♅	1am53	2	58
6	☉☌☿	4pm35	2	22
7	☽☍♀	4pm27	0	14
8	☽☍♃	7pm30	0	29
11	☽☍☿	4am55	3	59
11	☽☍☉	10pm23	3	12
12	☽☍♄	1am06	1	12
12	☽☍♂	2pm15	3	25
13	☉☌♄	11am41	2	5
15	☽☌♇	6pm03	7	9
20	☽☌♆	0am29	2	41
20	☽☌♅	6pm50	2	50
22	♀☌♃	11pm13	0	15
23	☽●♃	7am03	0	11
23	☽●♀	7am34	0	4
24	☽●☿	7pm30	0	46
25	☽☌♄	6pm05	1	19
26	☽☌☉	11am41	4	2
26	☽☌♂	6pm13	4	7
28	☽☍♇	2pm04	7	14

MAY

2	☽☍♆	1pm52	2	35
3	☽☍♅	9am50	2	44
6	☽☍♃	1pm11	0	3
7	☽☍♀	5pm19	0	39
9	☽☍☿	5am45	0	24
9	☽☍♄	2pm19	1	25
11	☽☍☉	2pm29	4	38
11	☽☍♂	3pm07	4	41
12	☉☌♂	7pm42	0	3
12	☿☌♄	9pm57	0	43
12	☽☌♇	10pm40	7	19
17	☽☌♆	6am22	2	27
18	☽☌♅	1am33	2	36
20	☽●♃	11pm31	0	19
22	☽☌♀	10pm56	1	29
23	☽☌♄	9am13	1	33
24	☽☌☿	0pm19	2	35
25	☽☌♂	2pm04	5	4
25	☽☌☉	7pm32	4	55
25	☽☍♇	11pm24	7	19
28	☉☍♇	5am14	12	15
28	♀☌♄	11pm25	0	14
29	☽☍♆	10pm16	2	22
30	☽☍♅	6pm06	2	31

JUNE

2	♂☍♇	9am44	12	30
3	☽☍♃	5am08	0	31
4	☿☍♇	10am47	12	5
5	☿☌♂	11am40	0	16
6	☽☍♄	3am28	1	40
6	☽☍♀	10pm44	2	22
9	☽☌♇	3am55	7	17
9	☽☍♂	1pm57	5	16
10	☽☍☿	3am59	5	40
10	☽☍☉	4am18	4	50
10	☉☌☿	6am57	0	50
13	☽☌♆	11am14	2	17
14	☽☌♅	6am25	2	25
17	☽●♃	11am33	0	42
19	☽☌♄	9pm26	1	47
21	☽☌♀	3pm50	3	10
22	☽☍♇	7am26	7	12
23	☽☌♂	8am38	5	17
24	☽☌☉	3am50	4	26
25	☽☌☿	11am03	5	19
26	☽☍♆	6am44	2	15
27	☽☍♅	2am10	2	23
29	♀☍♇	11am06	10	37
30	☽☍♃	6pm13	0	49

JULY

1	☿☍♆	8pm02	1	54
3	☽☍♄	3pm56	1	53
6	☽☌♇	10am30	7	4
7	☽☍♀	4am25	3	43
8	☽☍♂	11am04	5	6
8	☿☍♅	11pm14	0	5
9	☽☍☉	4pm01	3	36
10	☽☌♆	4pm52	2	15
11	☽☌♅	11am26	2	23
11	☽☍☿	5pm41	1	45
14	☽●♃	7pm25	0	52
17	☽☌♄	6am25	1	57
19	☽☍♇	1pm39	6	55
21	☽☌♀	11am34	3	50
22	☽☌♂	2am07	4	46
23	☽☌☉	1pm44	2	38
23	☽☍♆	2pm13	2	16
23	☉☍♆	8pm20	0	20
24	☽☍♅	9am12	2	25
25	☽☌☿	2pm56	1	56
28	☽☍♃	3am02	0	51
31	☽☍♄	2am39	1	59

AUGUST

2	☽☌♇	6pm16	6	45
3	☉☍♅	7am12	0	39
4	♀☌♂	9pm30	0	50
6	☽☍♂	6am48	4	16
6	☽☍♀	8am20	3	25
7	☽☌♆	0am12	2	19
7	☽☌♅	5pm58	2	28
8	☽☍☉	2am10	1	24
8	☽☍☿	6pm47	4	1
11	☽●♃	0am25	0	45
13	☽☌♄	1pm08	1	58
13	♀☍♆	1pm45	0	43
13	☉☌☿	11pm48	4	26
15	☽☍♇	6pm51	6	37
19	☽☌♂	6pm48	3	42
19	☽☍♆	8pm09	2	22
20	☽☌♀	0pm07	2	37
20	☽☍♅	2pm42	2	31
20	♂☍♆	9pm05	1	18
21	☽☌☿	2am38	1	46
21	♀☍♅	2pm30	0	1
22	☽●☉	2am03	0	14
24	☽☍♃	6am54	0	37
26	☿☌♀	9pm06	2	16
27	☽☍♄	10am32	1	55
30	☽☌♇	2am33	6	30

SEPTEMBER

3	☽☌♆	8am56	2	23
4	☽☍♂	1am20	3	0
4	☽☌♅	2am08	2	34
4	♂☍♅	6pm00	0	24
5	☽☍☿	5am19	1	19
5	☽☍♀	9am55	1	22
6	☽☍☉	11am21	1	2
7	☽●♃	4am33	0	27
9	☽☌♄	7pm17	1	50
11	☿☌♀	5am40	0	19
12	☽☍♇	0am56	6	26
16	☽☍♆	0am59	2	24
16	☉☍♃	3am02	1	26
16	☽☍♅	7pm05	2	34
17	☽☌♂	10am57	2	20
19	☽●♀	6pm16	0	4
20	☽●☿	6am42	0	7
20	☽☍♃	7am02	0	18
20	☿☍♃	8am39	0	10
20	☽☌☉	5pm02	2	7
23	☽☍♄	3pm10	1	44
24	♀☍♃	0pm05	0	7
25	☉☌☿	7pm50	1	18
26	☽☌♇	10am39	6	23
30	☽☌♆	5pm50	2	20

OCTOBER

1	☽☌♅	10am56	2	32
2	☽☍♂	6pm27	1	33
4	☽●♃	9am37	0	11
5	☽☍♀	9am19	1	24
5	☽☍☉	8pm12	3	9
6	☽☍☿	9am25	3	20
7	☽☌♄	2am15	1	38
9	☽☍♇	9am38	6	22
12	☿☍♄	6pm27	2	56
13	☽☍♆	6am17	2	17
13	☽☍♅	11pm53	2	28
16	☽●♂	2am47	0	53
17	☽☍♃	6am49	0	8
20	☽☌♀	4am30	2	43
20	☽☌☉	10am09	3	58
20	☽☍♄	5pm25	1	33
21	☽☌☿	10pm57	6	2
23	☽☌♇	6pm23	6	23
23	☉☍♄	6pm49	2	35
25	♀☍♄	0am17	1	35
28	☽☌♆	1am44	2	8
28	☽☌♅	7pm08	2	19

DISTANCES APART OF ALL ☌s AND ☍s IN 1998

Note: The Distances Apart are in Declination

30	☉☌♀	4am22	0 52	13	☽☍♃	10am16	0 18	30	☽☌♄	5pm53	1 38	17	☽☌☿	1am14	2 27
31	☽☍♂	9am37	0 8	13	☽●♂	6pm20	0 28	DECEMBER				17	☽☌♇	10am53	6 24
31	☽●♃	4pm25	0 12	16	☽☍♄	7pm19	1 32	1	☉☌☿	3pm23	1 8	18	☽☌☉	10pm42	4 15
NOVEMBER				19	☽☌☉	4am27	4 51	2	☿☌♇	0pm44	9 50	20	☽☌♀	0am58	4 26
3	☽☌♄	10am08	1 32	19	☽☌♀	3pm40	4 41	3	☽☍☿	8am26	3 13	21	☽☌♆	3pm35	1 38
4	☽☍☉	5am18	4 35	20	☽☌♇	2am15	6 25	3	☽☍♇	10am13	6 24	22	☿☌♇	6am29	9 21
4	☽☍♀	7am29	3 54	20	☽☌☿	10pm10	6 34	3	☽☍☉	3pm19	4 47	22	☽☌♅	9am53	1 42
5	☽☍☿	6pm28	7 28	23	♀☌♇	11pm42	11 14	4	☽☍♀	6am12	4 55	25	☽●♃	11am22	1 3
5	☽☍♇	9pm15	6 23	24	☽☌♆	8am33	1 51	7	☽☍♆	0am21	1 45	27	☽☍♂	6am34	2 3
6	♂☍♃	10pm25	0 5	25	☽☌♅	2am25	2 0	7	☽☍♅	5pm18	1 52	28	☽☌♄	0am41	1 54
7	☿☌♇	6am22	13 55	28	☽●♃	0am56	0 32	10	☽☍♃	7pm46	0 45	30	☽☍♇	10pm07	6 22
9	☽☍♆	1pm52	2 2	28	☿☌♀	0pm05	0 15	12	☽☌♂	9am12	1 35	31	☽☍☿	5pm20	3 54
10	☽☍♅	6am59	2 12	28	☽☍♂	9pm58	1 7	13	☽☍♄	11pm11	1 44				
				30	☉☌♇	8am25	11 14								

TIME WHEN THE SUN, MOON AND PLANETS ENTER THE ZODIACAL SIGNS IN 1998

JANUARY

2	☽♓	9am56
4	☽♈	0pm43
6	☽♉	3pm53
8	☽♊	7pm42
9	♀♑	9pm02
11	☽♋	0am43
12	☿♑	4pm19
13	☽♌	7am46
15	☽♍	5pm32
18	☽♎	5am44
20	☉♒	6am46
20	☽♏	6pm34
23	☽♐	5am24
25	♂♓	9am26
25	☽♑	0pm39
27	☽♒	4pm26
29	♆♒	2am45
29	☽♓	6pm08
31	☽♈	7pm21

FEBRUARY

2	☿♒	3pm14
2	☽♉	9pm25
4	♃♓	10am52
5	☽♊	1am10
7	☽♋	6am58
9	☽♌	2pm57
12	☽♍	1am10
14	☽♎	1pm17
17	☽♏	2am13
18	☉♓	8pm55
19	☽♐	1pm55
20	☿♓	10am22
21	☽♑	10pm29
24	☽♒	3am09
26	☽♓	4am41
28	☽♈	4am42

MARCH

2	☽♉	5am01
4	☽♊	7am16
4	♀♒	4pm13
4	♂♈	4pm18
6	☽♋	0pm27
8	☿♈	8am29
8	☽♌	8pm46
11	☽♍	7am36
13	☽♎	7pm58
16	☽♏	8am50
18	☽♐	8pm56
20	☉♈	7pm55
21	☽♑	6am42
23	☽♒	1pm01
25	☽♓	3pm42
27	☽♈	3pm48
29	☽♉	3pm07
31	☽♊	3pm39

APRIL

2	☽♋	7pm11
5	☽♌	2am36
6	♀♓	5am38
7	☽♍	1pm26
10	☽♎	2am04
12	☽♏	2pm55
13	♂♉	1am05
15	☽♐	2am52
17	☽♑	1pm05
19	☽♒	8pm40
20	☉♉	6am57
22	☽♓	1am05
24	☽♈	2am30
26	☽♉	2am09
28	☽♊	1am56
30	☽♋	3am58

MAY

2	☽♌	9am50
3	♀♈	7pm16
4	☽♍	7pm47
7	☽♎	8am19
9	☽♏	9pm10
12	☽♐	8am47
14	☽♑	6pm38
15	☿♉	2am09
17	☽♒	2am30
19	☽♓	8am02
21	☉♊	6am05
21	☽♈	11am05
23	☽♉	0pm06
24	♂♊	3am42
25	☽♊	0pm25
27	☽♋	1pm59
29	☽♌	6pm39
29	♀♉	11pm32

JUNE

1	☽♍	3am22
1	☿♊	8am07
3	☽♎	3pm17
6	☽♏	4am05
8	☽♐	3pm34
9	♄♉	6am07
11	☽♑	0am50
13	☽♒	8am02
15	☿♋	5am33
15	☽♓	1pm31
17	☽♈	5pm22
19	☽♉	7pm47
21	☉♋	2pm03
21	☽♊	9pm26
23	☽♋	11pm39
24	♀♊	0pm27
26	☽♌	4am05
28	☽♍	11am54
30	☽♎	11pm05
30	☿♌	11pm52

JULY

3	☽♏	11am45
5	☽♐	11pm24
6	♂♋	9am00
8	☽♑	8am26
10	☽♒	2pm52
12	☽♓	7pm22
14	☽♈	10pm45
17	☽♉	1am33
19	☽♊	4am18
19	♀♋	3pm17
21	☽♋	7am43
23	☉♌	0am55
23	☽♌	0pm49
25	☽♍	8pm34
28	☽♎	7am15
30	☽♏	7pm44

AUGUST

2	☽♐	7am47
4	☽♑	5pm17
6	☽♒	11pm31
9	☽♓	3am04
11	☽♈	5am10
13	☽♉	7am05
13	♀♌	9am19
15	☽♊	9am46
17	☽♋	1pm56
19	☽♌	8pm01
20	♂♌	7pm16
22	☽♍	4am22
23	♆♑	0am26
23	☉♍	7am59
24	☽♎	3pm02
27	☽♏	3am25
29	☽♐	3pm55

SEPTEMBER

1	☽♑	2am22
3	☽♒	9am20
5	☽♓	0pm47
6	♀♍	7pm24
7	☽♈	1pm52
8	☿♍	1am57
9	☽♉	2pm17
11	☽♊	3pm41
13	☽♋	7pm21
16	☽♌	1am48
18	☽♍	10am52
20	☽♎	9pm57
23	☉♎	5am37
23	☽♏	10am22
24	☿♎	10am13
25	☽♐	11pm05
28	☽♑	10am30
30	☽♒	6pm52
30	♀♎	11pm13

OCTOBER

2	☽♓	11pm23
5	☽♈	0am32
6	☽♉	11pm57
7	♂♍	0pm28
8	☽♊	11pm44
11	☽♋	1am49
12	☿♏	2am45
13	☽♌	7am26
15	☽♍	4pm33
18	☽♎	4am02
20	☽♏	4pm36
23	☽♐	5am16
23	☉♏	2pm59
24	♀♏	11pm06
25	☽♑	5pm04
25	♄♈	6pm41
28	☽♒	2am44
30	☽♓	8am57

NOVEMBER

1	☽♈	11am27
1	☿♐	4pm03
3	☽♉	11am12
5	☽♊	10am11
7	☽♋	10am40
9	☽♌	2pm34
11	☽♍	10pm37
14	☽♎	9am58
16	☽♏	10pm41
17	♀♐	9pm06
19	☽♐	11am12
21	☽♑	10pm45
22	☉♐	0pm34
24	☽♒	8am43
26	☽♓	4pm13
27	♂♎	10am10
28	♆♒	1am08
28	☽♈	8pm33
30	☽♉	9pm52

DECEMBER

2	☽♊	9pm30
4	☽♋	9pm28
6	☽♌	11pm55
9	☽♍	6am23
11	☽♎	4pm44
11	♀♑	6pm33
14	☽♏	5am16
16	☽♐	5pm47
19	☽♑	4am54
21	☽♒	2pm16
22	☉♑	1am56
23	☽♓	9pm44
26	☽♈	3am03
28	☽♉	6am04
30	☽♊	7am22

LOCAL MEAN TIME OF SUNRISE FOR LATITUDES
60° North to 50° South

FOR ALL SUNDAYS IN 1998. (ALL TIMES ARE A.M.)

Date	LON- DON	NORTHERN LATITUDES 60°	55°	50°	40°	30°	20°	10°	0°	SOUTHERN LATITUDES 10°	20°	30°	40°	50°
1997 Dec. 28	8 5	9 4	8 26	7 58	7 21	6 55	6 34	6 15	5 58	5 41	5 22	5 0	4 32	3 52
1998 Jan. 4	8 6	9 1	8 25	7 59	7 22	6 57	6 36	6 18	6 1	5 44	5 25	5 4	4 37	3 58
,, 11	8 3	8 55	8 20	7 56	7 22	6 57	6 38	6 20	6 4	5 47	5 30	5 9	4 43	4 6
,, 18	7 58	8 45	8 14	7 51	7 19	6 56	6 38	6 22	6 7	5 51	5 35	5 16	4 52	4 17
,, 25	7 50	8 32	8 4	7 44	7 15	6 54	6 38	6 23	6 9	5 55	5 39	5 22	5 0	4 28
Feb. 1	7 40	8 16	7 53	7 35	7 10	6 51	6 36	6 23	6 10	5 58	5 44	5 29	5 9	4 41
,, 8	7 28	7 59	7 39	7 24	7 2	6 46	6 33	6 22	6 11	6 0	5 48	5 34	5 17	4 53
,, 15	7 16	7 41	7 25	7 12	6 54	6 41	6 30	6 20	6 11	6 2	5 52	5 40	5 25	5 5
,, 22	7 2	7 21	7 9	6 59	6 45	6 34	6 25	6 18	6 10	6 3	5 55	5 46	5 34	5 18
Mar. 1	6 47	7 1	6 52	6 45	6 35	6 27	6 21	6 15	6 9	6 4	5 57	5 50	5 41	5 29
,, 8	6 32	6 40	6 35	6 31	6 24	6 19	6 15	6 11	6 8	6 4	6 0	5 55	5 49	5 41
,, 15	6 16	6 20	6 17	6 16	6 13	6 11	6 9	6 8	6 6	6 5	6 3	6 0	5 57	5 52
,, 22	6 0	5 58	6 0	6 1	6 2	6 3	6 3	6 4	6 4	6 4	6 4	6 4	6 3	6 3
,, 29	5 44	5 37	5 42	5 45	5 50	5 54	5 57	6 0	6 2	6 4	6 6	6 8	6 11	6 15
April 5	5 29	5 16	5 24	5 30	5 39	5 46	5 51	5 55	6 0	6 3	6 8	6 13	6 18	6 26
,, 12	5 13	4 55	5 6	5 15	5 28	5 38	5 45	5 52	5 58	6 3	6 9	6 16	6 24	6 35
,, 19	4 57	4 34	4 50	5 1	5 18	5 30	5 40	5 48	5 56	6 4	6 12	6 21	6 32	6 47
,, 26	4 43	4 14	4 33	4 47	5 8	5 23	5 34	5 45	5 54	6 4	6 14	6 25	6 39	6 57
May 3	4 30	3 55	4 17	4 34	4 59	5 16	5 30	5 42	5 53	6 4	6 16	6 29	6 46	7 8
,, 10	4 18	3 36	4 3	4 23	4 51	5 10	5 26	5 40	5 53	6 5	6 19	6 34	6 53	7 18
,, 17	4 6	3 20	3 50	4 12	4 44	5 6	5 23	5 39	5 53	6 7	6 21	6 38	6 59	7 27
,, 24	3 57	3 4	3 39	4 4	4 38	5 2	5 21	5 38	5 53	6 9	6 25	6 43	7 5	7 37
,, 31	3 50	2 52	3 30	3 57	4 34	5 0	5 20	5 38	5 54	6 10	6 27	6 47	7 11	7 45
June 7	3 45	2 42	3 24	3 52	4 31	4 58	5 20	5 38	5 55	6 12	6 30	6 50	7 16	7 51
,, 14	3 43	2 37	3 20	3 50	4 30	4 58	5 20	5 39	5 56	6 14	6 32	6 53	7 19	7 56
,, 21	3 42	2 35	3 20	3 50	4 31	4 59	5 21	5 40	5 58	6 15	6 34	6 55	7 21	7 59
,, 28	3 45	2 38	3 22	3 52	4 33	5 1	5 23	5 42	5 59	6 17	6 35	6 57	7 23	8 0
July 5	3 49	2 45	3 28	3 57	4 36	5 3	5 25	5 43	6 0	6 18	6 36	6 56	7 22	7 59
,, 12	3 56	2 56	3 36	4 3	4 41	5 7	5 27	5 45	6 2	6 18	6 35	6 55	7 20	7 54
,, 19	4 3	3 9	3 45	4 11	4 46	5 11	5 30	5 47	6 2	6 18	6 34	6 53	7 16	7 49
,, 26	4 13	3 24	3 57	4 20	4 52	5 15	5 33	5 48	6 3	6 17	6 32	6 49	7 11	7 40
Aug. 2	4 24	3 41	4 9	4 29	4 58	5 19	5 35	5 50	6 3	6 16	6 29	6 45	7 4	7 31
,, 9	4 35	3 58	4 21	4 39	5 5	5 23	5 38	5 50	6 2	6 13	6 25	6 40	6 57	7 20
,, 16	4 46	4 14	4 35	4 50	5 11	5 27	5 40	5 51	6 1	6 11	6 21	6 33	6 48	7 8
,, 23	4 56	4 31	4 47	5 0	5 18	5 31	5 42	5 51	5 59	6 8	6 17	6 27	6 39	6 56
,, 30	5 8	4 48	5 1	5 10	5 25	5 35	5 44	5 51	5 57	6 3	6 11	6 18	6 28	6 40
Sept. 6	5 19	5 4	5 14	5 21	5 31	5 39	5 45	5 50	5 55	6 0	6 5	6 11	6 17	6 26
,, 13	5 30	5 21	5 27	5 31	5 38	5 43	5 47	5 50	5 53	5 56	5 59	6 2	6 6	6 10
,, 20	5 41	5 37	5 40	5 42	5 45	5 47	5 48	5 49	5 50	5 51	5 52	5 53	5 53	5 54
,, 27	5 53	5 54	5 53	5 52	5 51	5 50	5 50	5 49	5 48	5 47	5 46	5 44	5 42	5 39
Oct. 4	6 4	6 10	6 6	6 3	5 58	5 54	5 51	5 49	5 46	5 43	5 40	5 37	5 32	5 26
,, 11	6 15	6 27	6 20	6 14	6 5	5 59	5 53	5 48	5 44	5 39	5 34	5 29	5 21	5 11
,, 18	6 27	6 44	6 34	6 25	6 13	6 3	5 56	5 49	5 42	5 35	5 28	5 19	5 9	4 54
,, 25	6 40	7 2	6 47	6 37	6 20	6 8	5 58	5 49	5 41	5 33	5 23	5 13	4 59	4 41
Nov. 1	6 52	7 20	7 2	6 48	6 28	6 13	6 1	5 50	5 40	5 30	5 18	5 6	4 50	4 28
,, 8	7 4	7 38	7 16	7 0	6 36	6 19	6 5	5 52	5 40	5 28	5 15	5 1	4 42	4 16
,, 15	7 16	7 56	7 30	7 11	6 44	6 25	6 9	5 54	5 41	5 27	5 13	4 56	4 36	4 6
,, 22	7 28	8 13	7 44	7 22	6 52	6 30	6 13	5 57	5 42	5 28	5 12	4 54	4 30	3 57
,, 29	7 40	8 29	7 56	7 33	7 0	6 36	6 17	6 0	5 44	5 29	5 11	4 51	4 27	3 51
Dec. 6	7 49	8 43	8 7	7 42	7 7	6 42	6 22	6 4	5 47	5 31	5 13	4 51	4 25	3 47
,, 13	7 57	8 54	8 16	7 50	7 13	6 47	6 26	6 8	5 50	5 32	5 14	4 52	4 24	3 45
,, 20	8 2	9 1	8 22	7 55	7 17	6 51	6 30	6 11	5 54	5 36	5 17	4 55	4 26	3 46
,, 27	8 5	9 4	8 25	7 58	7 21	6 54	6 33	6 14	5 57	5 40	5 21	4 58	4 31	3 50
1999 Jan. 3	8 6	9 2	8 25	7 59	7 22	6 56	6 36	6 18	6 0	5 43	5 25	5 3	4 36	3 57

Example:—To find the time of Sunrise in Jamaica (Latitude 18° N.) on Saturday, June 27th, 1998. On June 21st, L.M.T. = 5h. 21m. + $\frac{7}{10}$ × 19m. = 5h. 25m., on June 28th L.M.T. = 5h. 23m. + $\frac{7}{10}$ × 19m. = 5h. 27m., therefore L.M.T. on June 27th = 5h. 25m. + $\frac{6}{7}$ × 2m. = 5h. 27m. A.M.

LOCAL MEAN TIME OF SUNSET FOR LATITUDES
60° North to 50° South

FOR ALL SUNDAYS IN 1998. (ALL TIMES ARE P.M.)

Date	LON-DON	NORTHERN LATITUDES 60°	55°	50°	40°	30°	20°	10°	SOUTHERN LATITUDES 0°	10°	20°	30°	40°	50°
	H M	H M	H M	H M	H M	H M	H M	H M	H M	H M	H M	H M	H M	H M
1997 Dec. 28	3 58	2 59	3 37	4 5	4 42	5 8	5 30	5 48	6 5	6 23	6 42	7 4	7 32	8 12
1998 Jan. 4	4 5	3 9	3 45	4 12	4 48	5 13	5 34	5 52	6 9	6 25	6 43	7 5	7 32	8 11
,, 11	4 13	3 22	3 55	4 20	4 54	5 19	5 38	5 55	6 12	6 27	6 45	7 5	7 31	8 8
,, 18	4 24	3 37	4 7	4 30	5 2	5 25	5 43	5 59	6 14	6 29	6 45	7 4	7 28	8 2
,, 25	4 36	3 54	4 21	4 41	5 10	5 31	5 47	6 2	6 16	6 30	6 45	7 2	7 24	7 56
Feb. 1	4 49	4 12	4 36	4 53	5 18	5 37	5 52	6 5	6 17	6 30	6 43	6 59	7 18	7 46
,, 8	5 1	4 31	4 50	5 5	5 27	5 42	5 56	6 7	6 18	6 28	6 40	6 54	7 11	7 34
,, 15	5 14	4 49	5 5	5 17	5 35	5 48	5 59	6 9	6 18	6 27	6 37	6 49	7 3	7 23
,, 22	5 27	5 8	5 20	5 29	5 43	5 54	6 2	6 10	6 17	6 24	6 32	6 41	6 53	7 8
Mar. 1	5 39	5 25	5 34	5 41	5 51	5 59	6 5	6 10	6 16	6 21	6 27	6 34	6 43	6 55
,, 8	5 51	5 43	5 48	5 52	5 58	6 3	6 7	6 11	6 14	6 18	6 22	6 26	6 32	6 40
,, 15	6 3	6 0	6 2	6 4	6 6	6 8	6 10	6 11	6 12	6 15	6 17	6 19	6 22	6 26
,, 22	6 15	6 17	6 16	6 15	6 13	6 12	6 12	6 11	6 10	6 10	6 10	6 10	6 10	6 11
,, 29	6 27	6 34	6 30	6 26	6 20	6 16	6 13	6 11	6 8	6 5	6 3	6 0	5 57	5 53
April 5	6 38	6 51	6 44	6 37	6 27	6 21	6 15	6 10	6 6	6 1	5 57	5 52	5 46	5 38
,, 12	6 50	7 8	6 57	6 48	6 34	6 25	6 17	6 10	6 4	5 58	5 52	5 45	5 37	5 26
,, 19	7 2	7 26	7 11	6 59	6 41	6 29	6 19	6 10	6 3	5 55	5 47	5 38	5 27	5 12
,, 26	7 14	7 43	7 24	7 10	6 49	6 34	6 21	6 11	6 1	5 52	5 42	5 30	5 16	4 58
May 3	7 24	8 0	7 38	7 20	6 56	6 38	6 24	6 12	6 0	5 49	5 37	5 24	5 7	4 45
,, 10	7 36	8 18	7 51	7 31	7 3	6 43	6 27	6 13	6 0	5 47	5 33	5 18	4 59	4 33
,, 17	7 47	8 34	8 3	7 41	7 9	6 47	6 29	6 14	6 0	5 46	5 31	5 14	4 53	4 24
,, 24	7 57	8 50	8 15	7 50	7 16	6 51	6 32	6 16	6 0	5 45	5 29	5 11	4 48	4 16
,, 31	8 5	9 4	8 26	7 58	7 21	6 55	6 35	6 17	6 1	5 45	5 28	5 8	4 43	4 9
June 7	8 12	9 15	8 34	8 5	7 26	6 59	6 38	6 19	6 2	5 45	5 28	5 7	4 42	4 6
,, 14	8 18	9 24	8 40	8 10	7 30	7 2	6 40	6 21	6 4	5 46	5 28	5 7	4 41	4 3
,, 21	8 21	9 28	8 43	8 13	7 32	7 4	6 42	6 23	6 5	5 48	5 29	5 8	4 41	4 4
,, 28	8 21	9 27	8 43	8 13	7 33	7 5	6 43	6 24	6 7	5 50	5 31	5 10	4 44	4 6
July 5	8 19	9 22	8 40	8 12	7 32	7 5	6 43	6 25	6 8	5 51	5 33	5 12	4 47	4 10
,, 12	8 14	9 14	8 35	8 7	7 30	7 4	6 43	6 25	6 9	5 53	5 36	5 16	4 51	4 17
,, 19	8 8	9 2	8 26	8 1	7 26	7 1	6 42	6 25	6 10	5 54	5 38	5 19	4 56	4 23
,, 26	7 59	8 47	8 16	7 52	7 20	6 58	6 40	6 24	6 10	5 55	5 40	5 23	5 2	4 32
Aug. 2	7 48	8 30	8 3	7 42	7 13	6 53	6 37	6 22	6 9	5 57	5 43	5 28	5 9	4 43
,, 9	7 35	8 12	7 48	7 31	7 6	6 47	6 33	6 20	6 9	5 57	5 45	5 31	5 14	4 51
,, 16	7 22	7 53	7 34	7 18	6 56	6 41	6 28	6 18	6 8	5 58	5 48	5 36	5 22	5 2
,, 23	7 8	7 33	7 17	7 4	6 47	6 34	6 23	6 14	6 6	5 58	5 49	5 39	5 27	5 11
,, 30	6 53	7 12	7 0	6 50	6 36	6 26	6 18	6 10	6 4	5 57	5 50	5 43	5 34	5 21
Sept. 6	6 37	6 51	6 43	6 35	6 25	6 17	6 12	6 6	6 2	5 58	5 53	5 48	5 41	5 33
,, 13	6 21	6 30	6 24	6 20	6 14	6 9	6 5	6 2	5 59	5 57	5 54	5 51	5 48	5 43
,, 20	6 5	6 9	6 7	6 4	6 2	6 0	5 59	5 58	5 57	5 56	5 55	5 55	5 54	5 53
,, 27	5 49	5 47	5 48	5 49	5 50	5 51	5 52	5 53	5 54	5 56	5 57	5 59	6 1	6 5
Oct. 4	5 33	5 26	5 30	5 34	5 39	5 43	5 46	5 49	5 52	5 55	5 59	6 3	6 7	6 14
,, 11	5 18	5 5	5 13	5 19	5 28	5 35	5 40	5 45	5 50	5 55	6 1	6 7	6 14	6 25
,, 18	5 2	4 45	4 56	5 5	5 17	5 27	5 35	5 42	5 49	5 55	6 3	6 12	6 22	6 37
,, 25	4 48	4 25	4 39	4 51	5 8	5 20	5 30	5 39	5 48	5 57	6 6	6 17	6 30	6 49
Nov. 1	4 34	4 6	4 24	4 38	4 59	5 14	5 26	5 37	5 47	5 57	6 8	6 21	6 38	7 0
,, 8	4 23	3 48	4 10	4 27	4 51	5 8	5 23	5 35	5 47	5 59	6 12	6 27	6 46	7 12
,, 15	4 12	3 32	3 58	4 17	4 44	5 4	5 20	5 35	5 48	6 1	6 16	6 32	6 54	7 13
,, 22	4 3	3 18	3 47	4 9	4 40	5 2	5 19	5 35	5 50	6 5	6 21	6 40	7 3	7 36
,, 29	3 56	3 6	3 39	4 3	4 36	5 0	5 19	5 36	5 52	6 8	6 25	6 45	7 10	7 46
Dec. 6	3 52	2 58	3 34	3 59	4 35	5 0	5 20	5 38	5 55	6 12	6 30	6 51	7 18	7 56
,, 13	3 51	2 54	3 31	3 58	4 35	5 1	5 22	5 40	5 58	6 14	6 33	6 55	7 23	8 3
,, 20	3 53	2 54	3 32	4 0	4 37	5 4	5 25	5 44	6 1	6 18	6 37	6 59	7 28	8 8
,, 27	3 57	2 58	3 36	4 4	4 41	5 8	5 29	5 47	6 4	6 22	6 41	7 3	7 31	8 11
1999 Jan. 3	4 3	3 7	3 44	4 10	4 46	5 12	5 33	5 51	6 8	6 25	6 43	7 5	7 32	8 11

Example:—To find the time of Sunset in Canberra (Latitude 35°·3S.) on Thursday, August 6th, 1998. On August 2nd, L.M.T. = 5h. 28m. $-\frac{4\cdot3}{10}\times 19$m. = 5h. 18m., on August 9th, L.M.T. = 5h. 31m. $-\frac{4\cdot3}{10}\times 17$m. = 5h. 22m., therefore L.M.T. on August 6th = 5h. 18m. $+\frac{4}{7}\times 4$m. = 5 h. 20m. P.M.

TABLES OF HOUSES FOR LONDON, Latitude 51° 32′ N.

Sidereal Time H. M. S.	10 ♈	11 ♉	12 ♊	Ascen ♋	2 ♌	3 ♍
0 0 0	0	9	22	26 36	12	3
0 3 40	1	10	23	27 17	13	3
0 7 20	2	11	24	27 56	14	4
0 11 0	3	12	25	28 42	15	5
0 14 41	4	13	25	29 17	15	6
0 18 21	5	14	26	29 55	16	7
0 22 2	6	15	27	0 ♌ 34	17	8
0 25 42	7	16	28	1 14	18	8
0 29 23	8	17	29	1 55	18	9
0 33 4	9	18	♋	2 33	19	10
0 36 45	10	19	1	3 14	20	11
0 40 26	11	20	1	3 54	20	12
0 44 8	12	21	2	4 33	21	13
0 47 50	13	22	3	5 12	22	14
0 51 32	14	23	4	5 52	23	15
0 55 14	15	24	5	6 30	23	15
0 58 57	16	25	6	7 9	24	16
1 2 40	17	26	6	7 50	25	17
1 6 23	18	27	7	8 30	26	18
1 10 7	19	28	8	9 9	26	19
1 13 51	20	29	9	9 48	27	19
1 17 35	21	♊	10	10 28	28	20
1 21 20	22	1	10	11 8	28	21
1 25 6	23	2	11	11 48	29	22
1 28 52	24	3	12	12 28	♍	23
1 32 38	25	4	13	13 8	1	24
1 36 25	26	5	14	13 48	1	25
1 40 12	27	6	14	14 28	2	25
1 44 0	28	7	15	15 8	3	26
1 47 48	29	8	16	15 48	4	27
1 51 37	30	9	17	16 28	4	28

Sidereal Time H. M. S.	10 ♉	11 ♊	12 ♋	Ascen ♌	2 ♍	3 ♍
1 51 37	0	9	17	16 28	4	2
1 55 27	1	10	18	17 8	5	29
1 59 17	2	11	19	17 48	6	♎
2 3 8	3	12	19	18 28	7	1
2 6 59	4	13	20	19 9	8	2
2 10 51	5	14	21	19 49	9	2
2 14 44	6	15	22	20 29	9	3
2 18 37	7	16	22	21 10	10	4
2 22 31	8	17	23	21 51	11	5
2 26 25	9	18	24	22 32	11	6
2 30 20	10	19	25	23 14	12	7
2 34 16	11	20	25	23 55	13	8
2 38 13	12	21	26	24 36	14	9
2 42 10	13	22	27	25 17	15	10
2 46 8	14	23	28	25 58	15	11
2 50 7	15	24	29	26 40	16	12
2 54 7	16	25	29	27 22	17	12
2 58 7	17	26	♌	28 4	18	13
3 2 8	18	27	1	28 46	18	14
3 6 9	19	27	2	29 28	19	15
3 10 12	20	28	3	0 ♍ 12	20	16
3 14 15	21	29	3	0 54	21	17
3 18 19	22	♋	4	1 36	22	18
3 22 23	23	1	5	2 20	22	19
3 26 29	24	2	6	3 2	23	20
3 30 35	25	3	7	3 45	24	21
3 34 41	26	4	7	4 28	25	22
3 38 49	27	5	8	5 11	26	23
3 42 57	28	6	9	5 54	27	24
3 47 6	29	7	10	6 38	27	25
3 51 15	30	8	11	7 21	25	25

Sidereal Time H. M. S.	10 ♊	11 ♋	12 ♌	Ascen ♍	2 ♍	3 ♎
3 51 15	0	8	11	7 21	25	25
3 55 25	1	9	12	8 5	29	26
3 59 36	2	10	12	8 49	♎	27
4 3 48	3	10	13	9 33	1	28
4 8 0	4	11	14	10 17	2	29
4 12 13	5	12	15	11 2	2	♏
4 16 26	6	13	16	11 46	3	1
4 20 40	7	14	17	12 30	4	2
4 24 55	8	15	17	13 15	5	3
4 29 10	9	16	18	14 0	6	4
4 33 26	10	17	19	14 45	7	5
4 37 42	11	18	20	15 30	8	6
4 41 59	12	19	21	16 15	8	7
4 46 16	13	20	21	17 0	9	8
4 50 34	14	21	22	17 45	10	9
4 54 52	15	22	23	18 30	11	10
4 59 10	16	23	24	19 16	12	11
5 3 29	17	24	25	20 3	13	12
5 7 49	18	25	26	20 49	14	13
5 12 9	19	25	27	21 35	14	14
5 16 29	20	26	28	22 20	15	14
5 20 49	21	27	28	23 6	16	15
5 25 9	22	28	29	23 51	17	16
5 29 30	23	29	♍	24 37	18	17
5 33 51	24	♌	1	25 23	19	18
5 38 12	25	1	1	26 9	20	19
5 42 34	26	2	3	26 55	21	20
5 46 55	27	3	4	27 41	21	21
5 51 17	28	4	4	28 27	22	22
5 55 38	29	5	5	29 13	23	23
6 0 0	30	6	6	30 0	24	24

Sidereal Time H. M. S.	10 ♋	11 ♌	12 ♍	Ascen ♎	2 ♎	3 ♏
6 0 0	0	6	6	0 0	24	24
6 4 22	1	7	7	0 47	25	25
6 8 43	2	8	8	1 33	26	26
6 13 5	3	9	9	2 19	27	27
6 17 26	4	10	10	3 5	27	28
6 21 48	5	11	10	3 51	28	29
6 26 9	6	12	11	4 37	29	♏
6 30 30	7	13	12	5 23	♏	1
6 34 51	8	14	13	6 9	1	2
6 39 11	9	15	14	6 55	2	3
6 43 31	10	16	15	7 40	2	4
6 47 51	11	16	16	8 26	3	4
6 52 11	12	17	16	9 12	4	5
6 56 31	13	18	17	9 58	5	6
7 0 50	14	19	18	10 43	6	7
7 5 8	15	20	19	11 28	7	8
7 9 26	16	21	20	12 14	8	9
7 13 44	17	22	21	12 59	8	10
7 18 1	18	23	22	13 45	9	11
7 22 18	19	24	23	14 30	10	12
7 26 34	20	25	24	15 15	11	13
7 30 50	21	26	25	16 0	12	14
7 35 5	22	27	25	16 45	13	15
7 39 20	23	28	26	17 30	13	16
7 43 34	24	29	27	18 15	14	17
7 47 47	25	♏	28	18 59	15	18
7 52 0	26	1	29	19 43	16	19
7 56 12	27	2	29	20 27	17	20
8 0 24	28	3	♎	21 11	18	20
8 4 35	29	4	1	21 56	18	21
8 8 45	30	5	2	22 40	19	22

Sidereal Time H. M. S.	10 ♌	11 ♍	12 ♎	Ascen ♎	2 ♏	3 ♐
8 8 45	0	5	2	22 40	19	22
8 12 54	1	5	3	23 24	20	23
8 17 3	2	6	3	24 7	21	24
8 21 11	3	7	4	24 50	22	25
8 25 19	4	8	5	25 34	23	26
8 29 26	5	9	6	26 18	23	27
8 33 31	6	10	7	27 1	24	28
8 37 37	7	11	8	27 44	25	29
8 41 41	8	12	8	28 26	26	♐
8 45 45	9	13	9	29 9	27	1
8 49 48	10	14	10	29 50	27	2
8 53 51	11	15	11	0 ♏ 32	28	3
8 57 52	12	16	12	1 15	29	4
9 1 53	13	17	12	1 58	♐	4
9 5 53	14	18	13	2 39	1	5
9 9 53	15	18	14	3 21	1	6
9 13 52	16	19	15	4 3	2	7
9 17 50	17	20	16	4 44	3	8
9 21 47	18	21	16	5 26	3	9
9 25 44	19	22	17	6 7	4	10
9 29 40	20	23	18	6 48	5	11
9 33 35	21	24	18	7 29	5	12
9 37 29	22	25	19	8 9	6	13
9 41 23	23	26	20	8 50	7	14
9 45 16	24	27	21	9 31	8	15
9 49 9	25	28	22	10 11	9	16
9 53 1	26	28	23	10 51	9	17
9 56 52	27	29	23	11 32	10	18
10 0 43	28	♎	24	12 12	11	19
10 4 33	29	1	25	12 53	12	20
10 8 2	30	2	26	13 33	13	20

Sidereal Time H. M. S.	10 ♍	11 ♎	12 ♎	Ascen ♏	2 ♐	3 ♑
10 8 23	0	2	26	13 33	13	20
10 12 12	1	3	26	14 13	14	21
10 16 0	2	4	27	14 53	15	22
10 19 48	3	5	28	15 33	15	23
10 23 35	4	5	29	16 13	16	24
10 27 22	5	6	29	16 52	17	25
10 31 8	6	7	♏	17 32	18	26
10 34 54	7	8	1	18 12	19	27
10 38 40	8	9	2	18 52	20	28
10 42 25	9	10	2	19 31	20	29
10 46 9	10	11	3	20 11	21	♑
10 49 53	11	11	4	20 50	22	1
10 53 37	12	12	4	21 30	23	2
10 57 20	13	13	5	22 9	24	4
11 1 3	14	14	6	22 49	24	5
11 4 46	15	15	7	23 28	25	6
11 8 28	16	16	7	24 8	26	7
11 12 10	17	17	8	24 47	27	8
11 15 52	18	17	9	25 27	28	9
11 19 34	19	18	10	26 6	29	10
11 23 15	20	19	10	26 45	♑	11
11 26 56	21	20	11	27 25	0	12
11 30 37	22	21	12	28 5	1	13
11 34 18	23	22	13	28 44	2	14
11 37 58	24	23	13	29 24	3	15
11 41 39	25	23	14	0 ♐ 1	3	16
11 45 19	26	24	15	0 43	5	17
11 49 0	27	25	15	1 23	6	18
11 52 40	28	26	16	2 3	6	19
11 56 20	29	27	17	2 43	7	20
12 0 0	30	28	17	3 23	8	21

TABLES OF HOUSES FOR LONDON, Latitude 51° 32′ N.

Sidereal Time	10 ♎	11 ♎	12 ♏	Ascen ♐	2 ♑	3 ♒
H. M. S.	°	°	°	° ′	°	°
12 0 0	0	27	17	3 23	8	21
12 3 40	1	28	18	4 4	9	23
12 7 20	2	29	19	4 45	10	24
12 11 0	3	♏	20	5 26	11	25
12 14 41	4	1	20	6 7	12	26
12 18 21	5	1	21	6 48	13	27
12 22 2	6	2	22	7 29	14	28
12 25 42	7	3	23	8 10	15	29
12 29 23	8	4	23	8 51	16	♓
12 33 4	9	5	24	9 33	17	2
12 36 45	10	6	25	10 15	18	3
12 40 26	11	6	25	10 57	19	4
12 44 8	12	7	26	11 40	20	5
12 47 50	13	8	27	12 22	21	6
12 51 32	14	9	28	13 4	22	7
12 55 14	15	10	28	13 47	23	9
12 58 57	16	11	29	14 30	24	10
13 2 40	17	11	♐	15 14	25	11
13 6 23	18	12	1	15 59	26	12
13 10 7	19	13	1	16 44	27	13
13 13 51	20	14	2	17 29	28	15
13 17 35	21	15	3	18 14	29	16
13 21 20	22	16	4	19 0	♒	17
13 25 6	23	16	4	19 45	1	18
13 28 52	24	17	5	20 31	2	20
13 32 38	25	18	6	21 18	4	21
13 36 25	26	19	7	22 6	5	22
13 40 12	27	20	7	22 54	6	23
13 44 0	28	21	8	23 42	7	25
13 47 48	29	21	9	24 31	8	26
13 51 37	30	22	10	25 20	10	27

Sidereal Time	10 ♏	11 ♏	12 ♐	Ascen ♐	2 ♒	3 ♓
H. M. S.	°	°	°	° ′	°	°
13 51 37	0	22	10	25 20	10	27
13 55 27	1	23	11	26 10	11	28
13 59 17	2	24	11	27 2	12	♈
14 3 8	3	25	12	27 53	14	1
14 6 59	4	26	13	28 45	15	3
14 10 51	5	26	14	29 36	16	4
14 14 44	6	27	15	0 ♑ 29	18	5
14 18 37	7	28	15	1 23	19	6
14 22 31	8	29	16	2 18	20	8
14 26 25	9	♐	17	3 14	22	9
14 30 20	10	1	18	4 11	23	11
14 34 16	11	2	19	5 9	25	11
14 38 13	12	2	20	6 7	26	13
14 42 10	13	3	20	7 6	28	14
14 46 8	14	4	21	8 6	29	15
14 50 7	15	5	22	9 8	♓	17
14 54 7	16	6	23	10 11	2	18
14 58 7	17	7	24	11 15	4	19
15 2 8	18	8	25	12 20	6	21
15 6 9	19	9	26	13 27	8	22
15 10 12	20	9	27	14 35	9	23
15 14 15	21	10	27	15 44	11	24
15 18 19	22	11	28	16 52	13	26
15 22 23	23	12	29	18 3	14	27
15 26 29	24	13	♑	19 16	16	28
15 30 35	25	14	1	20 32	17	29
15 34 41	26	15	2	21 48	19	♉
15 38 49	27	16	3	23 8	21	1
15 42 57	28	17	4	24 29	22	3
15 47 6	29	18	5	25 51	24	4
15 51 15	30	18	6	27 15	26	6

Sidereal Time	10 ♐	11 ♐	12 ♑	Ascen ♑	2 ♓	3 ♉
H. M. S.	°	°	°	° ′	°	°
15 51 15	0	18	6	27 15	26	6
15 55 25	1	19	7	28 42	28	7
15 59 36	2	20	8	0 ♒ 11	♈	9
16 3 48	3	21	9	1 42	2	10
16 8 0	4	22	10	3 16	3	11
16 12 13	5	23	11	4 53	5	12
16 16 26	6	24	12	6 32	7	14
16 20 40	7	25	13	8 13	9	15
16 24 55	8	26	14	9 57	11	16
16 29 10	9	27	16	11 44	12	17
16 33 26	10	28	17	13 34	14	18
16 37 42	11	29	18	15 26	16	20
16 41 59	12	♑	19	17 20	18	21
16 46 16	13	1	20	19 18	20	22
16 50 34	14	2	21	21 22	21	23
16 54 52	15	3	22	23 29	23	25
16 59 10	16	4	24	25 36	25	26
17 3 29	17	5	25	27 46	27	27
17 7 49	18	6	26	0 ♓ 28	28	28
17 12 9	19	7	27	2 19	♉	29
17 16 29	20	8	29	4 40	2	♊
17 20 49	21	9	♒	7 2	3	1
17 25 9	22	10	1	9 26	5	2
17 29 30	23	11	3	11 54	7	4
17 33 51	24	12	4	14 24	8	5
17 38 12	25	13	5	17 0	10	6
17 42 34	26	14	7	19 33	11	7
17 46 55	27	15	8	22 6	13	8
17 51 17	28	16	10	24 40	14	9
17 55 38	29	17	11	27 20	16	10
18 0 0	0	18	13	0 0	18	11

Sidereal Time	10 ♑	11 ♑	12 ♒	Ascen ♈	2 ♉	3 ♊
H. M. S.	°	°	°	° ′	°	°
18 0 0	0	18	13	0 0	17	11
18 4 22	1	20	14	2 39	19	13
18 8 43	2	21	16	5 19	20	14
18 13 5	3	22	17	7 55	22	15
18 17 26	4	23	19	10 29	23	16
18 21 48	5	24	20	13 2	25	17
18 26 9	6	25	22	15 36	26	18
18 30 30	7	26	23	18 6	28	19
18 34 51	8	27	25	20 41	29	21
18 39 11	9	29	27	23 11	♊	21
18 43 31	10	♒	28	25 22	2	21
18 47 51	11	1	♈	27 27	3	23
18 52 11	12	2	2	29 58	4	24
18 56 31	13	3	3	2 8	5	25
19 0 50	14	4	5	4 26	7	26
19 5 8	15	6	7	6 30	8	27
19 9 26	16	7	8	8 36	9	28
19 13 44	17	8	10	10 40	10	29
19 18 1	18	9	12	12 39	11	♋
19 22 18	19	10	14	14 35	12	1
19 26 34	20	12	16	16 28	13	2
19 30 50	21	13	18	18 17	14	3
19 35 5	22	14	19	20 3	15	4
19 39 20	23	15	21	21 48	17	5
19 43 34	24	16	23	23 29	18	6
19 47 47	25	18	25	25 9	19	7
19 52 0	26	19	27	26 45	20	8
19 56 12	27	20	28	28 18	21	9
20 0 24	28	21	♈	29 49	22	10
20 4 35	29	23	2	1 ♊ 19	23	11
20 8 45	30	24	4	2 45	24	12

Sidereal Time	10 ♒	11 ♒	12 ♈	Ascen ♉	2 ♊	3 ♋
H. M. S.	°	°	°	° ′	°	°
20 8 45	0	24	4	2 45	24	12
20 12 54	1	25	6	4 9	25	12
20 17 3	2	27	7	5 27	26	13
20 21 11	3	28	9	6 53	27	14
20 25 19	4	29	11	8 12	28	15
20 29 26	5	♈	13	9 27	29	16
20 33 31	6	2	14	10 43	♋	17
20 37 37	7	3	16	11 58	1	18
20 41 41	8	4	18	13 13	2	19
20 45 45	9	6	19	14 18	3	20
20 49 48	10	7	21	15 32	3	21
20 53 51	11	8	23	16 32	4	21
20 57 52	12	9	24	17 39	5	22
21 1 53	13	11	26	18 48	6	23
21 5 53	14	12	28	19 48	7	24
21 9 53	15	13	29	21 0	8	25
21 13 52	16	15	♉	22 13	9	25
21 17 50	17	16	2	23 17	10	26
21 21 47	18	17	4	24 19	11	27
21 25 44	19	19	5	25 19	12	28
21 29 40	20	20	7	25 48	12	29
21 33 26	21	22	8	26 22	13	♌
21 37 29	22	23	10	27 40	14	1
21 41 23	23	24	11	28 34	15	2
21 45 12	24	25	13	29 15	16	3
21 49 9	25	26	14	0 ♊ 0	17	4
21 52 12	26	28	15	1 26	18	5
21 56 12	27	29	16	1 56	19	6
22 0 43	28	♈	18	2 43	20	8
22 4 33	29	2	19	3 33	21	9
22 8 23	30	3	20	4 38	22	10

Sidereal Time	10 ♓	11 ♈	12 ♉	Ascen ♊	2 ♋	3 ♌
H. M. S.	°	°	°	° ′	°	°
22 8 23	0	3	20	4 38	20	8
22 12 12	1	4	21	5 28	21	8
22 16 0	2	6	23	6 23	22	9
22 19 48	3	7	24	7 24	23	10
22 23 35	4	8	25	8 25	25	11
22 27 22	5	9	26	9 26	26	12
22 31 8	6	10	28	10 28	27	13
22 34 54	7	12	29	11 26	28	14
22 38 40	8	13	♊	13 11	29	14
22 42 25	9	14	1	14 11	♌	15
22 46 9	10	15	2	15 12	2	16
22 49 53	11	17	3	16 13	3	16
22 53 37	12	18	4	17 14	4	17
22 57 20	13	19	5	18 14	5	18
23 1 0	14	20	6	19 15	6	19
23 4 46	15	21	7	20 16	7	20
23 8 28	16	23	8	21 16	8	21
23 12 10	17	24	9	22 17	9	22
23 15 52	18	25	10	23 18	10	23
23 19 34	19	26	11	24 19	11	24
23 23 15	20	27	12	25 19	12	25
23 26 56	21	29	13	26 20	13	26
23 30 37	22	♉	14	27 22	14	26
23 34 18	23	1	15	28 23	15	27
23 37 58	24	2	16	29 23	16	28
23 41 39	25	3	17	0 ♋ 12	17	29
23 45 19	26	4	18	1 15	18	♍
23 49 0	27	5	19	2 17	18	1
23 52 40	28	6	20	3 20	19	2
23 56 20	29	8	21	4 21	20	3
24 0 0	30	9	22	5 23	21	3

TABLES OF HOUSES FOR LIVERPOOL, Latitude 53° 25′ *N.*

Sidereal Time.			10 ♈	11 ♉	12 ♊	Ascen ♋		2 ♌	3 ♍
H.	M.	S.	°	°	°	°	′	°	°
0	0	0	0	9	24	28	12	14	3
0	3	40	1	10	25	28	51	14	4
0	7	20	2	12	25	29	30	15	4
0	11	0	3	13	26	0 ♌	9	16	5
0	14	41	4	14	27	0	48	17	6
0	18	21	5	15	28	1	27	17	7
0	22	2	6	16	29	2	6	18	8
0	25	42	7	17	♋	2	44	19	9
0	29	23	8	18	1	3	22	19	10
0	33	4	9	19	1	4	1	20	10
0	36	45	10	20	2	4	39	21	11
0	40	26	11	21	3	5	18	22	12
0	44	8	12	22	4	5	56	22	13
0	47	50	13	23	5	6	34	23	14
0	51	32	14	24	6	7	13	24	14
0	55	14	15	25	6	7	51	24	15
0	58	57	16	26	7	8	30	25	16
1	2	40	17	27	8	9	8	26	17
1	6	23	18	28	9	9	47	26	18
1	10	7	19	29	10	10	25	27	19
1	13	51	20	♊	11	11	4	28	19
1	17	35	21	1	11	11	43	28	20
1	21	20	22	2	12	12	21	29	21
1	25	6	23	3	13	13	0	♍	22
1	28	52	24	4	14	13	39	1	23
1	32	38	25	5	15	14	17	1	24
1	36	25	26	6	15	14	56	2	25
1	40	12	27	7	16	15	35	3	25
1	44	0	28	8	17	16	14	3	26
1	47	48	29	9	18	16	53	4	27
1	51	37	30	10	18	17	32	5	28

Sidereal Time.			10 ♉	11 ♊	12 ♋	Ascen ♌		2 ♍	3 ♍
H.	M.	S.	°	°	°	°	′	°	°
1	51	37	0	10	18	17	32	5	28
1	55	27	1	11	19	18	11	6	29
1	59	17	2	12	20	18	51	6	♎
2	3	8	3	13	21	19	30	7	1
2	6	59	4	14	22	20	9	8	2
2	10	51	5	15	22	20	49	9	2
2	14	44	6	16	23	21	28	9	3
2	18	37	7	17	24	22	8	10	4
2	22	31	8	18	25	22	48	11	5
2	26	25	9	19	25	23	28	12	6
2	30	20	10	20	26	24	8	12	7
2	34	16	11	21	27	24	48	13	8
2	38	13	12	22	28	25	28	14	9
2	42	10	13	23	29	26	8	15	10
2	46	8	14	24	29	26	49	15	10
2	50	7	15	25	♌	27	29	16	11
2	54	7	16	26	1	28	10	17	12
2	58	7	17	27	2	28	51	18	13
3	2	8	18	28	2	29	32	19	14
3	6	9	19	29	3	0 ♍	13	19	15
3	10	12	20	29	4	0	54	20	16
3	14	15	21	♋	5	1	36	21	17
3	18	19	22	1	5	2	17	22	18
3	22	23	23	2	6	2	59	23	19
3	26	29	24	3	7	3	41	23	20
3	30	35	25	4	8	4	23	24	21
3	34	41	26	5	9	5	5	25	22
3	38	49	27	6	10	5	47	26	22
3	42	57	28	7	10	6	29	27	23
3	47	6	29	8	11	7	12	27	24
3	51	15	30	9	12	7	55	28	25

Sidereal Time.			10 ♊	11 ♋	12 ♌	Ascen ♍		2 ♍	3 ♎
H.	M.	S.	°	°	°	°	′	°	°
3	51	15	0	9	12	7	55	28	25
3	55	25	1	10	13	8	37	29	26
3	59	36	2	11	13	9	20	♎	27
4	3	48	3	12	14	10	3	1	28
4	8	0	4	12	15	10	46	2	29
4	12	13	5	13	16	11	30	2	♏
4	16	26	6	14	17	12	13	3	1
4	20	40	7	15	18	12	56	4	2
4	24	55	8	16	18	13	40	5	3
4	29	10	9	17	19	14	24	6	4
4	33	26	10	18	20	15	8	7	5
4	37	42	11	19	21	15	52	7	6
4	41	59	12	20	21	16	36	8	6
4	46	16	13	21	22	17	20	9	7
4	50	34	14	22	23	18	4	10	8
4	54	52	15	23	24	18	48	11	9
4	59	10	16	24	25	19	32	12	10
5	3	29	17	24	26	20	17	12	11
5	7	49	18	25	26	21	1	13	12
5	12	9	19	26	27	21	46	14	13
5	16	29	20	27	28	22	31	15	14
5	20	49	21	28	29	23	16	16	15
5	25	9	22	29	♍	24	0	17	16
5	29	30	23	♌	1	24	45	18	17
5	33	51	24	1	1	25	30	18	18
5	38	12	25	2	2	26	15	19	19
5	42	34	26	3	3	27	0	20	20
5	46	55	27	4	4	27	45	21	21
5	51	17	28	5	5	28	30	22	21
5	55	38	29	6	6	29	15	23	22
6	0	0	30	7	7	30	0	23	23

Sidereal Time.			10 ♋	11 ♌	12 ♍	Ascen ♎		2 ♎	3 ♏
H.	M.	S.	°	°	°	°	′	°	°
6	0	0	0	7	7	0	0	23	23
6	4	22	1	8	7	0	45	24	24
6	8	43	2	9	8	1	30	25	25
6	13	5	3	9	9	2	15	26	26
6	17	26	4	10	10	3	0	27	27
6	21	48	5	11	11	3	45	28	28
6	26	9	6	12	12	4	30	29	29
6	30	30	7	13	12	5	15	29	♐
6	34	51	8	14	13	6	0	♏	1
6	39	11	9	15	14	6	44	1	2
6	43	31	10	16	15	7	29	2	3
6	47	51	11	17	16	8	14	3	4
6	52	11	12	18	17	8	59	4	5
6	56	31	13	19	18	9	43	4	6
7	0	50	14	20	18	10	27	5	6
7	5	8	15	21	19	11	11	6	7
7	9	26	16	22	20	11	56	7	8
7	13	44	17	23	21	12	40	8	9
7	18	1	18	24	22	13	24	8	10
7	22	18	19	24	23	14	8	9	11
7	26	34	20	25	23	14	52	10	12
7	30	50	21	26	24	15	36	11	13
7	35	5	22	27	25	16	20	12	14
7	39	20	23	28	26	17	4	13	15
7	43	34	24	29	27	17	47	13	16
7	47	47	25	♍	28	18	30	14	17
7	52	0	26	1	28	19	13	15	18
7	56	12	27	2	29	19	57	16	18
8	0	24	28	3	♎	20	40	17	19
8	4	35	29	4	1	21	23	17	20
8	8	45	30	5	2	22	5	18	21

Sidereal Time.			10 ♌	11 ♍	12 ♎	Ascen ♎		2 ♏	3 ♐
H.	M.	S.	°	°	°	°	′	°	°
8	8	45	0	5	2	22	5	18	21
8	12	54	1	6	2	22	48	19	22
8	17	3	2	7	3	23	30	20	23
8	21	11	3	8	4	24	13	20	24
8	25	19	4	8	5	24	55	21	25
8	29	26	5	9	6	25	37	22	26
8	33	31	6	10	7	26	19	23	27
8	37	37	7	11	7	27	1	24	28
8	41	41	8	12	8	27	43	25	29
8	45	45	9	13	9	28	24	25	♑
8	49	48	10	14	10	29	6	26	1
8	53	51	11	15	11	29	47	27	1
8	57	52	12	16	11	0 ♏	28	28	2
9	1	53	13	17	12	1	9	28	3
9	5	53	14	18	13	1	50	29	4
9	9	53	15	19	14	2	31	♐	5
9	13	52	16	19	15	3	11	1	6
9	17	50	17	20	15	3	52	1	7
9	21	47	18	21	16	4	32	2	8
9	25	44	19	22	17	5	12	3	9
9	29	40	20	23	18	5	52	4	10
9	33	35	21	24	18	6	32	5	11
9	37	29	22	25	19	7	12	5	12
9	41	23	23	26	20	7	52	6	13
9	45	16	24	27	21	8	32	7	14
9	49	9	25	27	21	9	12	8	15
9	53	1	26	28	22	9	51	8	16
9	56	52	27	29	23	10	30	9	17
10	0	43	28	♎	24	11	9	10	17
10	4	33	29	1	24	11	49	11	18
10	8	23	30	2	25	12	28	11	19

Sidereal Time.			10 ♍	11 ♎	12 ♎	Ascen ♏		2 ♐	3 ♑
H.	M.	S.	°	°	°	°	′	°	°
10	8	23	0	2	25	12	28	11	19
10	12	12	1	3	26	13	6	12	20
10	16	0	2	4	27	13	45	13	21
10	19	48	3	4	27	14	25	14	22
10	23	35	4	5	28	15	4	15	23
10	27	22	5	6	29	15	42	15	24
10	31	8	6	7	29	16	21	16	25
10	34	54	7	8	♏	17	0	17	26
10	38	40	8	9	1	17	39	18	27
10	42	25	9	10	2	18	17	18	28
10	46	9	10	10	2	18	55	19	29
10	49	53	11	11	3	19	34	20	♒
10	53	37	12	12	4	20	13	21	1
10	57	20	13	13	4	20	52	22	2
11	1	3	14	14	5	21	30	22	3
11	4	46	15	15	6	22	8	23	5
11	8	28	16	16	7	22	46	24	6
11	12	10	17	16	7	23	25	25	7
11	15	52	18	17	8	24	4	26	8
11	19	34	19	18	9	24	42	26	9
11	23	15	20	19	9	25	21	27	10
11	26	56	21	20	10	25	59	28	11
11	30	37	22	20	11	26	38	29	12
11	34	18	23	21	12	27	16	♑	13
11	37	58	24	22	12	27	54	1	14
11	41	39	25	23	13	28	33	1	15
11	45	19	26	24	14	29	11	2	16
11	49	0	27	25	14	29	50	3	17
11	52	40	28	26	15	0 ♐	30	4	18
11	56	20	29	26	16	1	9	5	20
12	0	0	30	27	16	1	48	6	21

TABLES OF HOUSES FOR LIVERPOOL, Latitude 53° 25′ N

Upper block

Sidereal Time H. M. S.	10 ♎	11 ♎	12 ♏	Ascen ♐	2 ♑	3 ♒
12 0 0	0	27	16	1 48	6	21
12 3 40	1	28	17	2 27	7	22
12 7 20	2	29	18	3 6	8	23
12 11 0	3	♏	18	3 46	9	24
12 14 41	4	0	19	4 25	10	25
12 18 21	5	1	20	5 6	10	26
12 22 2	6	2	21	5 46	11	28
12 25 42	7	3	21	6 26	12	29
12 29 23	8	4	22	7 6	13	♓
12 33 4	9	4	23	7 46	14	1
12 36 45	10	5	24	8 27	15	2
12 40 26	11	6	24	9 8	16	3
12 44 8	12	7	25	9 49	17	5
12 47 50	13	8	26	10 30	18	6
12 51 32	14	9	26	11 12	19	7
12 55 14	15	9	27	11 54	20	8
12 58 57	16	10	28	12 36	21	10
13 2 40	17	11	28	13 19	22	11
13 6 23	18	12	29	14 2	23	12
13 10 7	19	13	♐	14 45	25	13
13 13 51	20	13	1	15 28	26	15
13 17 35	21	14	1	16 12	27	16
13 21 20	22	15	2	16 56	28	17
13 25 6	23	16	3	17 41	29	18
13 28 52	24	17	4	18 26	♒	19
13 32 38	25	17	4	19 11	1	21
13 36 25	26	18	5	19 57	3	22
13 40 12	27	19	6	20 44	4	23
13 44 0	28	20	7	21 31	5	24
13 47 48	29	21	7	22 18	7	26
13 51 37	30	21	8	23 6	8	27

Sidereal Time H. M. S.	10 ♏	11 ♏	12 ♐	Ascen ♐	2 ♒	3 ♓
13 51 37	0	21	8	23 6	8	27
13 55 27	1	22	9	23 55	9	28
13 59 17	2	23	10	24 43	10	♈
14 3 8	3	24	10	25 33	12	1
14 6 59	4	25	11	26 23	13	2
14 10 51	5	26	12	27 14	15	4
14 14 44	6	26	13	28 6	16	5
14 18 37	7	27	13	28 59	18	6
14 22 31	8	28	14	29 52	19	8
14 26 25	9	29	15	0♑46	20	9
14 30 20	10	♐	16	1 41	22	10
14 34 16	11	1	17	2 36	23	11
14 38 13	12	2	18	3 33	25	13
14 42 10	13	2	18	4 30	26	14
14 46 8	14	3	19	5 29	28	16
14 50 0	15	4	20	6 29	♓	17
14 54 7	16	5	21	7 30	1	18
14 58 7	17	6	22	8 32	3	20
15 2 8	18	7	23	9 35	5	21
15 6 9	19	8	24	10 39	6	22
15 10 12	20	8	24	11 45	8	23
15 14 15	21	9	25	12 52	10	25
15 18 19	22	10	26	14 1	11	26
15 22 23	23	11	27	15 11	13	27
15 26 29	24	12	28	16 23	15	29
15 30 35	25	13	29	17 37	17	♉
15 34 41	26	14	♑	18 53	18	1
15 38 49	27	15	1	20 10	20	3
15 42 57	28	16	2	21 29	22	4
15 47 6	29	17	3	22 51	24	6
15 51 15	30	17	4	24 15	26	7

Sidereal Time H. M. S.	10 ♐	11 ♐	12 ♑	Ascen ♑	2 ♓	3 ♉
15 51 15	0	17	4	24 15	26	7
15 55 25	1	18	5	25 41	28	8
15 59 36	2	19	6	27 10	♈	9
16 3 48	3	20	7	28 41	2	10
16 8 0	4	21	8	0♒14	4	12
16 12 13	5	22	10	1 49	5	13
16 16 26	6	23	11	3 30	7	14
16 20 40	7	24	11	5 15	9	15
16 24 55	8	25	12	6 58	11	17
16 29 10	9	26	13	8 46	13	18
16 33 26	10	27	14	10 37	14	19
16 37 42	11	28	15	12 32	16	20
16 41 59	12	29	16	14 31	18	22
16 46 16	13	♑	16	16 33	20	23
16 50 34	14	1	19	18 40	22	24
16 54 52	15	2	20	20 50	24	25
16 59 10	16	3	21	23 4	26	26
17 3 29	17	3	22	25 22	27	28
17 7 49	18	5	24	27 42	29	29
17 12 9	19	6	25	0♓8	♉	♊
17 16 29	20	7	26	2 37	3	1
17 20 49	21	8	28	5 10	5	3
17 25 9	22	9	29	7 46	6	4
17 29 30	23	10	♒	10 24	8	5
17 33 51	24	11	2	13 7	10	6
17 38 12	25	12	3	15 52	11	7
17 42 34	26	13	4	18 38	13	8
17 46 55	27	14	6	21 27	15	9
17 51 17	28	15	7	24 17	16	10
17 55 38	29	16	9	27 8	18	12
18 0 0	30	17	11	0♈0	19	13

Lower block

Sidereal Time H. M. S.	10 ♑	11 ♑	12 ♒	Ascen ♈	2 ♉	3 ♊
18 0 0	0	17	11	0 0	19	13
18 4 22	1	18	12	2 52	21	14
18 8 43	2	20	14	5 43	23	15
18 13 5	3	21	15	8 33	24	16
18 17 26	4	22	17	11 22	25	17
18 21 48	5	23	19	14 8	27	18
18 26 9	6	24	20	16 53	28	19
18 30 30	7	25	22	19 36	♊	20
18 34 51	8	26	24	22 12	1	21
18 39 11	9	27	25	24 50	2	22
18 43 31	10	29	27	27 23	4	23
18 47 51	11	♒	28	29 53	5	25
18 52 11	12	1	♓	2 18	7	26
18 56 31	13	2	2	4 39	8	27
19 0 50	14	4	4	6 56	9	27
19 5 8	15	5	6	9 10	10	28
19 9 26	16	6	8	11 20	11	29
19 13 44	17	7	10	13 27	12	♋
19 18 1	18	8	11	15 29	14	1
19 22 18	19	9	13	17 28	15	2
19 26 34	20	11	15	19 22	16	3
19 30 50	21	12	17	21 14	17	4
19 35 5	22	13	19	23 2	18	5
19 39 20	23	15	21	24 47	19	6
19 43 34	24	16	23	26 30	20	7
19 47 47	25	17	25	28 10	21	8
19 52 0	26	18	26	29 46	22	9
19 56 12	27	20	28	1♉11	23	10
20 0 24	28	21	♈	2 50	24	11
20 4 35	29	22	2	4 19	25	12
20 8 45	30	23	4	5 45	26	13

Sidereal Time H. M. S.	10 ♒	11 ♒	12 ♈	Ascen ♉	2 ♊	3 ♋
20 8 45	0	23	4	5 45	26	13
20 12 54	1	25	6	7 9	27	14
20 17 3	2	26	8	8 31	28	15
20 21 11	3	27	9	9 50	29	16
20 25 19	4	29	11	11 7	♋	16
20 29 26	5	♈	13	12 23	1	17
20 33 31	6	1	15	13 37	2	18
20 37 37	7	3	17	14 49	3	19
20 41 41	8	4	18	16 0	4	20
20 45 45	9	5	20	17 8	5	21
20 49 48	10	7	22	18 15	6	22
20 53 51	11	8	24	19 21	7	23
20 57 52	12	10	25	20 25	8	24
21 1 53	13	11	27	21 27	9	25
21 5 53	14	12	29	22 30	9	25
21 9 53	15	13	♉	23 31	10	26
21 13 52	16	14	2	24 32	11	27
21 17 50	17	16	4	25 30	12	28
21 21 47	18	17	5	26 27	13	29
21 25 44	19	18	7	27 25	14	♌
21 29 40	20	20	8	28 19	14	1
21 33 35	21	21	10	29 14	15	2
21 37 29	22	22	11	0♊8	16	3
21 41 23	23	24	12	1 1	17	4
21 45 16	24	25	14	1 54	17	4
21 49 9	25	26	15	2 46	18	4
21 53 1	26	28	17	3 37	19	5
21 56 52	27	29	18	4 28	20	6
22 0 43	28	♉	20	5 17	20	7
22 4 33	29	2	21	6 5	21	8
22 8 23	30	3	22	6 54	22	8

Sidereal Time H. M. S.	10 ♓	11 ♉	12 ♉	Ascen ♊	2 ♋	3 ♌
22 8 23	0	3	22	6 54	22	8
22 12 12	1	4	23	7 42	23	9
22 16 0	2	5	25	8 29	23	10
22 19 48	3	7	26	9 16	24	11
22 23 35	4	8	27	10 3	25	12
22 27 22	5	9	29	10 49	26	13
22 31 8	6	11	♊	11 34	26	13
22 34 54	7	12	1	12 19	27	14
22 38 40	8	13	2	13 3	28	15
22 42 25	9	14	3	13 48	29	16
22 46 9	10	16	4	14 31	♌	17
22 49 53	11	17	5	15 15	1	18
22 53 37	12	18	7	15 58	2	18
22 57 20	13	19	8	16 41	3	19
23 1 3	14	20	9	17 24	4	20
23 4 46	15	22	10	18 6	5	21
23 8 28	16	23	11	18 48	6	22
23 12 10	17	24	12	19 30	7	23
23 15 52	18	25	13	20 11	8	24
23 19 34	19	27	14	20 52	9	25
23 23 15	20	28	15	21 33	10	26
23 26 56	21	29	16	22 14	11	26
23 30 37	22	Ⅱ	17	22 54	12	27
23 34 18	23	1	18	23 34	13	28
23 37 58	24	2	18	24 15	14	29
23 41 39	25	4	20	24 54	15	♍
23 45 19	26	5	21	25 35	16	1
23 49 0	27	6	22	26 15	16	2
23 52 40	28	7	23	26 54	17	3
23 56 20	29	8	23	27 33	18	4
24 0 0	30	9	24	28 12	19	5

TABLES OF HOUSES FOR NEW YORK, Latitude 40° 43′ N.

Sidereal Time.	10 ♈	11 ♉	12 ♊	Ascen ♋	2 ♌	3 ♍
H. M. S.	°	°	°	° ′	°	°
0 0 0	0	6	15	18 53	8	1
0 3 40	1	7	16	19 38	9	2
0 7 20	2	8	17	20 23	10	3
0 11 0	3	9	18	21 12	11	4
0 14 41	4	11	19	21 55	12	5
0 18 21	5	12	20	22 40	12	5
0 22 2	6	13	21	23 24	13	6
0 25 42	7	14	22	24 8	14	7
0 29 23	8	15	23	24 54	15	8
0 33 4	9	16	23	25 37	15	9
0 36 45	10	17	24	26 22	16	10
0 40 26	11	18	25	27 5	17	11
0 44 8	12	19	26	27 50	18	12
0 47 50	13	20	27	28 33	19	13
0 51 32	14	21	28	29 18	19	13
0 55 14	15	22	28	0 ♌ 3	20	14
0 58 57	16	23	29	0 46	21	15
1 2 40	17	24	♋	1 31	22	16
1 6 23	18	25	1	2 14	22	17
1 10 7	19	26	2	2 58	23	18
1 13 51	20	27	3	3 43	24	19
1 17 35	21	28	3	4 27	25	20
1 21 20	22	29	4	5 12	25	21
1 25 6	23	♊	5	5 56	26	22
1 28 52	24	1	6	6 40	27	22
1 32 38	25	2	7	7 25	28	23
1 36 25	26	2	8	8 9	29	24
1 40 12	27	3	9	8 53	♍	25
1 44 0	28	4	10	9 38	1	26
1 47 48	29	5	10	10 24	1	27
1 51 37	30	6	11	11 8	2	28

Sidereal Time.	10 ♉	11 ♊	12 ♋	Ascen ♌	2 ♍	3 ♍
H. M. S.	°	°	°	° ′	°	°
1 51 37	0	6	11	11 8	2	28
1 55 27	1	7	12	11 53	3	29
1 59 17	2	8	13	12 38	4	♎
2 3 8	3	9	14	13 22	5	1
2 6 59	4	10	15	14 8	5	2
2 10 51	5	11	15	14 53	6	3
2 14 44	6	12	16	15 39	7	4
2 18 37	7	13	17	16 24	8	4
2 22 31	8	14	18	17 10	9	5
2 26 25	9	15	19	17 56	10	6
2 30 20	10	16	20	18 41	10	7
2 34 16	11	17	20	19 27	11	8
2 38 13	12	18	21	20 14	12	9
2 42 10	13	19	22	21 0	13	10
2 46 8	14	19	23	21 47	14	11
2 50 7	15	20	24	22 33	15	12
2 54 7	16	21	25	23 20	16	13
2 58 7	17	22	25	24 7	17	14
3 2 8	18	23	26	24 54	17	15
3 6 9	19	24	27	25 42	18	16
3 10 12	20	25	28	26 29	19	17
3 14 15	21	26	29	27 17	20	18
3 18 19	22	27	♌	28 4	21	19
3 22 23	23	28	1	28 52	22	20
3 26 29	24	29	1	29 40	23	21
3 30 35	25	♋	2	0 ♍ 29	24	22
3 34 41	26	1	3	1 17	24	23
3 38 49	27	2	4	2 6	25	24
3 42 57	28	3	5	2 55	26	25
3 47 6	29	4	6	3 43	27	26
3 51 15	30	5	7	4 32	28	27

Sidereal Time.	10 ♊	11 ♋	12 ♌	Ascen ♍	2 ♍	3 ♎
H. M. S.	°	°	°	° ′	°	°
3 51 15	0	5	7	4 32	28	27
3 55 25	1	6	8	5 22	29	28
3 59 36	2	6	8	6 10	♎	29
4 3 48	3	7	9	7 0	1	♏
4 8 0	4	8	10	7 49	2	1
4 12 13	5	9	11	8 40	3	2
4 16 26	6	10	12	9 30	4	3
4 20 40	7	11	13	10 19	4	4
4 24 55	8	12	14	11 10	5	5
4 29 10	9	13	15	12 0	6	6
4 33 26	10	14	16	12 51	7	7
4 37 42	11	15	16	13 41	8	8
4 41 59	12	16	17	14 32	9	9
4 46 16	13	17	18	15 23	10	10
4 50 34	14	18	19	16 14	11	11
4 54 52	15	19	20	17 5	12	12
4 59 10	16	20	21	17 56	13	13
5 3 29	17	21	22	18 47	14	14
5 7 49	18	22	23	19 39	15	15
5 12 9	19	23	24	20 30	16	16
5 16 29	20	24	25	21 22	17	17
5 20 49	21	25	26	22 13	18	18
5 25 9	22	26	26	23 5	18	19
5 29 30	23	27	27	23 57	19	20
5 33 51	24	28	28	24 49	20	21
5 38 12	25	29	29	25 40	21	22
5 42 34	26	♌	29	26 32	22	22
5 46 55	27	1	1	27 25	23	23
5 51 17	28	2	2	28 16	24	24
5 55 38	29	3	3	29 8	25	25
6 0 0	30	4	4	30 0	26	26

Sidereal Time.	10 ♋	11 ♌	12 ♍	Ascen ♎	2 ♎	3 ♏
H. M. S.	°	°	°	° ′	°	°
6 0 0	0	4	4	0 26	26	26
6 4 22	1	5	5	0 52	27	27
6 8 43	2	6	6	1 44	28	28
6 13 5	3	6	7	2 35	29	29
6 17 26	4	7	8	3 28	♏	♐
6 21 48	5	8	9	4 20	1	1
6 26 9	6	9	10	5 11	2	2
6 30 30	7	10	11	6 3	3	3
6 34 51	8	11	12	6 55	3	4
6 39 11	9	12	13	7 47	4	5
6 43 31	10	13	14	8 38	5	6
6 47 51	11	14	15	9 30	6	7
6 52 11	12	15	15	10 21	7	8
6 56 31	13	16	16	11 13	8	9
7 0 50	14	17	17	12 4	9	10
7 5 8	15	18	18	12 55	10	11
7 9 26	16	19	19	13 46	11	12
7 13 44	17	20	20	14 37	12	13
7 18 1	18	21	21	15 28	13	14
7 22 18	19	22	22	16 19	14	15
7 26 34	20	23	23	17 9	14	16
7 30 50	21	24	23	18 0	15	17
7 35 5	22	25	24	18 50	16	18
7 39 20	23	26	25	19 41	17	19
7 43 34	24	27	26	20 30	18	20
7 47 47	25	28	27	21 20	19	21
7 52 0	26	29	28	22 11	20	22
7 56 12	27	♍	29	23 0	21	23
8 0 24	28	1	♎	23 50	21	24
8 4 35	29	2	1	24 38	22	24
8 8 45	30	3	2	25 28	23	25

Sidereal Time.	10 ♌	11 ♍	12 ♎	Ascen ♎	2 ♏	3 ♐
H. M. S.	°	°	°	° ′	°	°
8 8 45	0	3	2	25 28	23	25
8 12 54	1	4	3	26 17	24	26
8 17 3	2	5	4	27 5	25	27
8 21 11	3	6	5	27 54	26	28
8 25 19	4	7	6	28 43	27	29
8 29 26	5	8	7	29 29	28	♑
8 33 31	6	9	7	0 ♏ 20	28	1
8 37 37	7	10	8	1 8	29	2
8 41 41	8	11	9	1 56	♐	3
8 45 45	9	12	10	2 43	1	4
8 49 48	10	13	11	3 31	2	5
8 53 51	11	14	12	4 18	3	6
8 57 52	12	15	12	5 6	4	7
9 1 53	13	16	13	5 53	5	8
9 5 53	14	17	14	6 40	5	9
9 9 53	15	18	15	7 27	6	10
9 13 52	16	19	16	8 13	7	10
9 17 50	17	20	17	9 0	8	11
9 21 47	18	21	18	9 46	9	12
9 25 44	19	22	19	10 33	10	13
9 29 40	20	23	19	11 19	10	14
9 33 35	21	24	20	12 4	11	15
9 37 29	22	24	21	12 50	12	16
9 41 23	23	25	22	13 36	13	17
9 45 16	24	26	23	14 21	14	18
9 49 9	25	27	24	15 7	15	19
9 53 1	26	28	24	15 52	16	20
9 56 52	27	29	25	16 38	16	21
10 0 43	28	♎	26	17 22	17	22
10 4 33	29	1	27	18 7	18	23
10 8 23	30	2	28	18 52	19	24

Sidereal Time.	10 ♍	11 ♎	12 ♎	Ascen ♏	2 ♐	3 ♑
H. M. S.	°	°	°	° ′	°	°
10 8 23	0	2	28	18 52	19	24
10 12 12	1	3	29	19 36	20	25
10 16 0	2	4	29	20 22	20	26
10 19 48	3	5	♏	21 7	21	27
10 23 35	4	6	1	21 51	22	28
10 27 22	5	7	1	22 35	23	28
10 31 8	6	7	2	23 20	24	29
10 34 54	7	8	3	24 4	25	♒
10 38 40	8	9	4	24 48	25	1
10 42 25	9	10	5	25 33	26	2
10 46 9	10	11	6	26 17	27	3
10 49 53	11	12	7	27 2	28	4
10 53 37	12	13	7	27 46	29	5
10 57 20	13	14	8	28 29	♑	6
11 1 3	14	15	9	29 14	1	7
11 4 46	15	16	10	29 57	1	8
11 8 28	16	17	11	0 ♐ 42	2	9
11 12 10	17	17	11	1 27	3	10
11 15 52	18	18	12	2 10	4	11
11 19 34	19	19	13	2 55	5	12
11 23 15	20	20	14	3 38	6	13
11 26 56	21	21	14	4 23	7	14
11 30 37	22	22	15	5 6	7	15
11 34 18	23	23	16	5 52	8	16
11 37 58	24	23	17	6 36	9	17
11 41 39	25	24	18	7 20	10	18
11 45 19	26	25	18	8 5	11	19
11 49 0	27	26	19	8 48	12	20
11 52 40	28	27	20	9 37	13	22
11 56 20	29	28	21	10 22	14	23
12 0 0	30	29	21	11 7	15	24

TABLES OF HOUSES FOR NEW YORK, *Latitude* 40° 43′ N.

Sidereal Time H.	M.	S.	10 ♎ °	11 ♎ °	12 ♏ °	Ascen ♐ °	′	2 ♑ °	3 ♒ °
12	0	0	0	29	21	11	7	15	24
12	3	40	1	♏	22	11	52	16	25
12	7	20	2	1	23	12	37	17	26
12	11	0	3	1	24	13	19	17	27
12	14	41	4	2	25	14	7	18	28
12	18	21	5	3	25	14	52	19	29
12	22	2	6	4	26	15	38	20	♓
12	25	42	7	5	27	16	23	21	1
12	29	23	8	6	28	17	11	22	2
12	33	4	9	6	28	17	58	23	3
12	36	45	10	7	29	18	45	24	4
12	40	26	11	8	♐	19	32	25	5
12	44	8	12	9	1	20	20	26	7
12	47	50	13	10	2	21	8	27	8
12	51	32	14	11	2	21	57	28	9
12	55	14	15	12	3	22	43	29	10
12	58	57	16	13	4	23	33	♒	11
13	2	40	17	13	5	24	22	1	12
13	6	23	18	14	6	25	11	2	13
13	10	7	19	15	7	26	1	3	15
13	13	51	20	16	7	26	51	5	16
13	17	35	21	17	8	27	40	6	17
13	21	20	22	18	9	28	32	7	18
13	25	6	23	19	10	29	23	8	19
13	28	52	24	19	10	0 ♑	14	9	20
13	32	38	25	20	11	1	7	10	21
13	36	25	26	21	12	2	0	11	23
13	40	12	27	22	13	2	52	12	24
13	44	0	28	23	13	3	46	13	25
13	47	48	29	24	14	4	41	15	26
13	51	37	30	25	15	5	35	16	27

Sidereal Time H.	M.	S.	10 ♏ °	11 ♏ °	12 ♐ °	Ascen ♑ °	′	2 ♒ °	3 ♓ °
13	51	37	0	25	15	5	35	16	27
13	55	27	1	25	16	6	30	17	29
13	59	17	2	26	17	7	27	18	♈
14	3	8	3	27	18	8	23	20	1
14	6	59	4	28	18	9	20	21	2
14	10	51	5	29	19	10	18	22	3
14	14	44	6	♐	20	11	16	23	5
14	18	37	7	1	21	12	15	24	6
14	22	31	8	2	22	13	15	26	7
14	26	25	9	2	23	14	16	27	8
14	30	20	10	3	24	15	17	28	9
14	34	16	11	4	24	16	19	♓	11
14	38	13	12	5	25	17	23	1	12
14	42	10	13	6	26	18	27	2	13
14	46	8	14	7	27	19	32	4	14
14	50	7	15	8	28	20	37	5	16
14	54	7	16	9	29	21	44	6	17
14	58	7	17	10	♑	22	51	8	18
15	2	8	18	10	1	23	59	9	19
15	6	9	19	11	2	25	9	11	20
15	10	12	20	12	3	26	19	12	22
15	14	15	21	13	4	27	31	14	23
15	18	19	22	14	5	28	43	15	24
15	22	23	23	15	6	29	57	16	25
15	26	29	24	16	6	1 ♒	14	18	26
15	30	35	25	17	7	2	28	19	28
15	34	41	26	18	8	3	46	21	29
15	38	49	27	19	9	5	5	22	♉
15	42	57	28	20	10	6	25	24	1
15	47	6	29	21	11	7	46	25	3
15	51	15	30	21	13	9	8	27	4

Sidereal Time H.	M.	S.	10 ♐ °	11 ♐ °	12 ♑ °	Ascen ♒ °	′	2 ♓ °	3 ♉ °
15	51	15	0	21	13	9	8	27	4
15	55	25	1	22	14	10	31	28	5
15	59	36	2	23	15	11	56	♈	6
16	3	48	3	24	16	13	23	1	7
16	8	0	4	25	17	14	50	3	9
16	12	13	5	26	18	16	9	4	10
16	16	26	6	27	19	17	50	6	11
16	20	40	7	28	20	19	22	7	12
16	24	55	8	29	21	20	56	9	13
16	29	10	9	♑	22	22	30	11	15
16	33	26	10	1	23	24	7	12	16
16	37	42	11	2	24	25	44	14	17
16	41	59	12	3	26	27	23	15	18
16	46	16	13	4	27	29	4	17	19
16	50	34	14	5	28	0 ♓	45	18	20
16	54	52	15	6	29	2	27	20	22
16	59	10	16	7	♒	4	11	21	23
17	3	29	17	8	2	5	56	23	24
17	7	49	18	9	3	7	43	24	25
17	12	9	19	10	4	9	30	26	26
17	16	29	20	11	5	11	18	27	27
17	20	49	21	12	7	13	8	29	28
17	25	9	22	13	8	14	57	♉	♊
17	29	30	23	14	9	16	48	2	1
17	33	51	24	15	10	18	41	3	2
17	38	12	25	16	12	20	33	5	3
17	42	34	26	17	13	22	25	6	4
17	46	55	27	19	14	24	19	7	5
17	51	17	28	20	16	26	12	9	6
17	55	38	29	21	17	28	7	10	7
18	0	0	30	22	18	30	0	12	9

Sidereal Time H.	M.	S.	10 ♑ °	11 ♑ °	12 ♒ °	Ascen ♈ °	′	2 ♉ °	3 ♊ °
18	0	0	0	22	18	0	0	12	9
18	4	22	1	23	20	1	53	13	10
18	8	43	2	24	21	3	48	14	11
18	13	5	3	25	23	5	41	16	12
18	17	26	4	26	24	7	35	17	13
18	21	48	5	27	25	9	27	18	14
18	26	9	6	28	27	11	19	20	15
18	30	30	7	29	28	13	12	21	16
18	34	51	8	♒	♓	15	3	22	17
18	39	11	9	2	1	16	52	23	18
18	43	31	10	3	3	18	42	25	19
18	47	51	11	4	4	20	30	26	20
18	52	11	12	5	5	22	17	27	21
18	56	31	13	6	7	24	4	29	22
19	0	50	14	7	9	25	49	♊	23
19	5	8	15	9	10	27	33	1	24
19	9	26	16	10	12	29	15	2	25
19	13	44	17	11	13	0 ♉	56	3	26
19	18	1	18	12	15	2	37	4	27
19	22	18	19	13	16	4	16	6	28
19	26	34	20	14	18	5	53	7	29
19	30	50	21	16	19	7	30	8	♋
19	35	5	22	17	21	9	4	9	1
19	39	20	23	18	22	10	38	10	2
19	43	34	24	19	24	12	10	11	3
19	47	47	25	20	25	13	41	12	4
19	52	0	26	21	27	15	10	13	5
19	56	12	27	23	29	16	37	14	6
20	0	24	28	24	♈	18	4	15	7
20	4	35	29	25	2	19	29	16	8
20	8	45	30	26	3	20	52	17	9

Sidereal Time H.	M.	S.	10 ♒ °	11 ♒ °	12 ♈ °	Ascen ♉ °	′	2 ♊ °	3 ♋ °
20	8	45	0	26	3	20	52	17	9
20	12	54	1	27	5	22	14	18	9
20	17	3	2	29	6	23	35	19	10
20	21	11	3	♓	8	24	55	20	11
20	25	19	4	1	9	26	14	21	12
20	29	26	5	2	11	27	32	22	13
20	33	31	6	3	12	28	46	23	14
20	37	37	7	5	14	0 ♊	3	24	15
20	41	41	8	6	15	1	17	25	16
20	45	45	9	7	16	2	29	26	17
20	49	48	10	8	18	3	41	27	18
20	53	51	11	10	19	4	51	28	19
20	57	52	12	11	21	6	1	29	20
21	1	53	13	12	22	7	9	♋	20
21	5	53	14	13	24	8	16	1	21
21	9	53	15	14	25	9	23	2	22
21	13	52	16	16	26	10	30	3	23
21	17	50	17	17	28	11	33	4	24
21	21	47	18	18	29	12	37	5	25
21	25	44	19	19	♉	13	41	6	26
21	29	40	20	21	2	14	43	6	27
21	33	35	21	22	3	15	44	7	28
21	37	29	22	23	4	16	45	8	28
21	41	23	23	24	6	17	45	9	29
21	45	16	24	25	7	18	44	10	♌
21	49	9	25	27	8	19	42	11	1
21	53	1	26	28	9	20	40	12	2
21	56	52	27	29	11	21	37	12	3
22	0	43	28	♈	12	22	33	13	4
22	4	33	29	1	13	23	30	14	5
22	8	23	30	3	14	24	25	15	5

Sidereal Time H.	M.	S.	10 ♓ °	11 ♈ °	12 ♉ °	Ascen ♊ °	′	2 ♋ °	3 ♌ °
22	8	23	0	3	14	24	25	15	5
22	12	12	1	4	15	25	19	16	6
22	16	0	2	5	17	26	14	17	7
22	19	48	3	6	18	27	8	17	8
22	23	35	4	7	19	28	0	18	9
22	27	22	5	8	20	28	53	19	10
22	31	8	6	10	21	29	46	20	11
22	34	54	7	11	22	0 ♋	37	21	11
22	38	40	8	12	23	1	28	21	12
22	42	25	9	13	24	2	20	22	13
22	46	9	10	14	25	3	9	23	14
22	49	53	11	15	27	3	59	24	15
22	53	37	12	17	28	4	49	24	16
22	57	20	13	18	29	5	38	25	17
23	1	3	14	19	♊	6	27	26	17
23	4	46	15	20	1	7	17	27	18
23	8	28	16	21	2	8	3	28	19
23	12	10	17	22	3	8	52	28	20
23	15	52	18	23	4	9	40	29	21
23	19	34	19	24	5	10	28	♌	22
23	23	15	20	26	6	11	15	1	23
23	26	56	21	27	7	12	2	2	23
23	30	37	22	28	8	12	49	2	24
23	34	18	23	29	9	13	37	3	25
23	37	58	24	♉	10	14	22	4	26
23	41	39	25	1	11	15	8	5	27
23	45	19	26	2	12	15	53	5	28
23	49	0	27	3	12	16	41	6	29
23	52	40	28	4	13	17	23	7	29
23	56	20	29	5	14	18	8	8	♍
24	0	0	30	6	15	18	53	9	1

PROPORTIONAL LOGARITHMS FOR FINDING THE PLANETS' PLACES
DEGREES OR HOURS

Min.	0	1	2	3	4	5	6	7	8	9	10	11	12	13	14	15	Min.
0	3.1584	1.3802	1.0792	9031	7781	6812	6021	5351	4771	4260	3802	3388	3010	2663	2341	2041	0
1	3.1584	1.3730	1.0756	9007	7763	6798	6009	5341	4762	4252	3795	3382	3004	2657	2336	2036	1
2	2.8573	1.3660	1.0720	8983	7745	6784	5997	5330	4753	4244	3788	3375	2998	2652	2330	2032	2
3	2.6812	1.3590	1.0685	8959	7726	6769	5985	5320	4744	4236	3780	3368	2992	2646	2325	2027	3
4	2.5563	1.3522	1.0649	8935	7710	6755	5973	5310	4735	4228	3773	3362	2986	2640	2320	2022	4
5	2.4594	1.3454	1.0614	8912	7692	6741	5961	5300	4726	4220	3766	3355	2980	2635	2315	2017	5
6	2.3802	1.3388	1.0580	8888	7674	6726	5949	5289	4717	4212	3759	3349	2974	2629	2310	2012	6
7	2.3133	1.3323	1.0546	8865	7657	6712	5937	5279	4708	4204	3752	3342	2968	2624	2305	2008	7
8	2.2553	1.3258	1.0511	8842	7639	6698	5925	5269	4699	4196	3745	3336	2962	2618	2300	2003	8
9	2.2041	1.3195	1.0478	8819	7622	6684	5913	5259	4690	4188	3737	3329	2956	2613	2295	1998	9
10	2.1584	1.3133	1.0444	8796	7604	6670	5902	5249	4682	4180	3730	3323	2950	2607	2289	1993	10
11	2.1170	1.3071	1.0411	8773	7587	6656	5890	5239	4673	4172	3723	3316	2944	2602	2284	1988	11
12	2.0792	1.3010	1.0378	8751	7570	6642	5878	5229	4664	4164	3716	3310	2938	2596	2279	1984	12
13	2.0444	1.2950	1.0345	8728	7552	6628	5866	5219	4655	4156	3709	3303	2933	2591	2274	1979	13
14	2.0122	1.2891	1.0313	8706	7535	6614	5855	5209	4646	4148	3702	3297	2927	2585	2269	1974	14
15	1.9823	1.2833	1.0280	8683	7518	6600	5843	5199	4638	4141	3695	3291	2921	2580	2264	1969	15
16	1.9542	1.2775	1.0248	8661	7501	6587	5832	5189	4629	4133	3688	3284	2915	2574	2259	1965	16
17	1.9279	1.2719	1.0216	8639	7484	6573	5820	5179	4620	4125	3681	3278	2909	2569	2254	1960	17
18	1.9031	1.2663	1.0185	8617	7467	6559	5809	5169	4611	4117	3674	3271	2903	2564	2249	1955	18
19	1.8796	1.2607	1.0153	8595	7451	6546	5797	5159	4603	4109	3667	3265	2897	2558	2244	1950	19
20	1.8573	1.2553	1.0122	8573	7434	6532	5786	5149	4594	4102	3660	3258	2891	2553	2239	1946	20
21	1.8361	1.2499	1.0091	8552	7417	6519	5774	5139	4585	4094	3653	3252	2885	2547	2234	1941	21
22	1.8159	1.2445	1.0061	8530	7401	6505	5763	5129	4577	4086	3646	3246	2880	2542	2229	1936	22
23	1.7966	1.2393	1.0030	8509	7384	6492	5752	5120	4568	4079	3639	3239	2874	2536	2223	1932	23
24	1.7781	1.2341	1.0000	8487	7368	6478	5740	5110	4559	4071	3632	3233	2868	2531	2218	1927	24
25	1.7604	1.2289	0.9970	8466	7351	6465	5729	5100	4551	4063	3625	3227	2862	2526	2213	1922	25
26	1.7434	1.2239	0.9940	8445	7335	6451	5718	5090	4542	4055	3618	3220	2856	2520	2208	1917	26
27	1.7270	1.2188	0.9910	8424	7318	6438	5706	5081	4534	4048	3611	3214	2850	2515	2203	1913	27
28	1.7112	1.2139	0.9881	8403	7302	6425	5695	5071	4525	4040	3604	3208	2845	2509	2198	1908	28
29	1.6960	1.2090	0.9852	8382	7286	6412	5684	5061	4516	4032	3597	3201	2839	2504	2193	1903	29
30	1.6812	1.2041	0.9823	8361	7270	6398	5673	5051	4508	4025	3590	3195	2833	2499	2188	1899	30
31	1.6670	1.1993	0.9794	8341	7254	6385	5662	5042	4499	4017	3583	3189	2827	2493	2183	1894	31
32	1.6532	1.1946	0.9765	8320	7238	6372	5651	5032	4491	4010	3576	3183	2821	2488	2178	1889	32
33	1.6398	1.1899	0.9737	8300	7222	6359	5640	5023	4482	4002	3570	3176	2816	2483	2173	1885	33
34	1.6269	1.1852	0.9708	8279	7206	6346	5629	5013	4474	3994	3563	3170	2810	2477	2168	1880	34
35	1.6143	1.1806	0.9680	8259	7190	6333	5618	5003	4466	3987	3556	3164	2804	2472	2164	1875	35
36	1.6021	1.1761	0.9652	8239	7174	6320	5607	4994	4457	3979	3549	3157	2798	2467	2159	1871	36
37	1.5902	1.1716	0.9625	8219	7159	6307	5596	4984	4449	3972	3542	3151	2793	2462	2154	1866	37
38	1.5786	1.1671	0.9597	8199	7143	6294	5585	4975	4440	3964	3535	3145	2787	2456	2149	1862	38
39	1.5673	1.1627	0.9570	8179	7128	6282	5574	4965	4432	3957	3529	3139	2781	2451	2144	1857	39
40	1.5563	1.1584	0.9542	8159	7112	6269	5563	4956	4424	3949	3522	3133	2775	2445	2139	1852	40
41	1.5456	1.1540	0.9515	8140	7097	6256	5552	4947	4415	3942	3515	3126	2770	2440	2134	1848	41
42	1.5351	1.1498	0.9488	8120	7081	6243	5541	4937	4407	3934	3508	3120	2764	2435	2129	1843	42
43	1.5249	1.1455	0.9462	8101	7066	6231	5531	4928	4399	3927	3501	3114	2758	2430	2124	1838	43
44	1.5149	1.1413	0.9435	8081	7050	6218	5520	4918	4390	3919	3495	3108	2753	2424	2119	1834	44
45	1.5051	1.1372	0.9409	8062	7035	6205	5509	4909	4382	3912	3488	3102	2747	2419	2114	1829	45
46	1.4956	1.1331	0.9383	8043	7020	6193	5499	4900	4374	3905	3481	3096	2741	2414	2109	1825	46
47	1.4863	1.1290	0.9356	8023	7005	6180	5488	4890	4365	3897	3475	3089	2736	2409	2104	1820	47
48	1.4771	1.1249	0.9330	8004	6990	6168	5477	4881	4357	3890	3468	3083	2730	2403	2099	1816	48
49	1.4682	1.1209	0.9305	7985	6975	6155	5466	4872	4349	3882	3461	3077	2724	2398	2095	1811	49
50	1.4594	1.1170	0.9279	7966	6960	6143	5456	4863	4341	3875	3454	3071	2719	2393	2090	1806	50
51	1.4508	1.1130	0.9254	7947	6945	6131	5445	4853	4333	3868	3448	3065	2713	2388	2085	1802	51
52	1.4424	1.1091	0.9228	7929	6930	6118	5435	4844	4324	3860	3441	3059	2707	2382	2080	1797	52
53	1.4341	1.1053	0.9203	7910	6915	6106	5424	4835	4316	3853	3434	3053	2702	2377	2075	1793	53
54	1.4260	1.1015	0.9178	7891	6900	6094	5414	4826	4308	3846	3428	3047	2696	2372	2070	1788	54
55	1.4180	1.0977	0.9153	7873	6885	6081	5403	4817	4300	3838	3421	3041	2691	2367	2065	1784	55
56	1.4102	1.0939	0.9128	7854	6871	6069	5393	4808	4292	3831	3415	3035	2685	2362	2061	1779	56
57	1.4025	1.0902	0.9104	7836	6856	6057	5382	4798	4284	3824	3408	3028	2679	2356	2056	1774	57
58	1.3949	1.0865	0.9079	7818	6841	6045	5372	4789	4276	3817	3401	3022	2674	2351	2051	1770	58
59	1.3875	1.0828	0.9055	7800	6827	6033	5361	4780	4268	3809	3395	3016	2668	2346	2046	1765	59
	0	1	2	3	4	5	6	7	8	9	10	11	12	13	14	15	

RULE:—Add proportional log. of planet's daily motion to log. of time from noon, and the sum will be the log. of the motion required. Add this to planet's place at noon, if time be p.m., but subtract if a.m. and the sum will be planet's true place. If Retrograde, subtract for p.m., but add for a.m.

What is the Long. of ☽ July 16, 1998 at 2.15 p.m.?
☽'s daily motion—14° 12'

Prop. Log. of 14° 12'	.2279
Prop. Log. of 2h. 15m.	1.0280
☽'s motion in 2h. 15m. = 1° 20' or Log.	1.2559

☽'s Long. = 21° ♈ 59' + 1° 20' = 23° ♈ 19'
The Daily Motions of the Sun, Moon, Mercury, Venus and Mars will be found on pages 26 to 28.